Liebe Leserinnen, liebe Leser,

360° Kanada und 360° travel – Ihr neues Magazin-Bundle

vielleicht haben Sie sich verwundert die Augen gerieben, als Sie dieses Heft das erste Mal in der Hand gehalten haben. Nach etwas über zehn Jahren haben wir unseren 360°-Magazinen einen kompletten Neuanstrich gegönnt. Neues Format, neues Papier und ein neues Layout. Wir sind gespannt auf Ihre Meinung (redaktion@360grad-medien.de)!

Mit der Umsetzung des neuen Layouts startet zudem auch ein völlig neues Konzept für unsere Magazine, also auch für 360° Kanada. Ab April werden alle Abonnenten unserer 360°-Magazine Mitglieder des 360° travel.CLUB und erhalten im Rahmen ihrer Mitgliedschaft eine Vielzahl von zusätzlichen Mehrwerten. Neben dem zweimal pro Jahr (Frühjahr und Herbst) erscheinenden Magazin 360° Kanada mit jeweils mindestens 84 Druckseiten erhalten Sie im Rahmen der „Mitgliedschaft Print" zukünftig unter anderem

- zwei Ausgaben des destinationsübergreifenden Magazins 360° travel mit jeweils mindestens 100 Druckseiten, unter anderem mit ausführlicher Nordamerika-Rubrik in jeder Ausgabe,
- einen 360° Kanada Monats-Wandkalender 2021 im Format DIN A4,
- die kostenfreie Teilnahme für zwei Personen am jährlich stattfindenden 360° Nordamerika-Tag,
- die kostenfreie Teilnahme an regionalen 360° Kanada Clubtreffen,
- die 360° travel.CLUB CARD mit zusätzlichen Mehrwerten und
- einen monatlichen exklusiven Newsletter per E-Mail (startet im Frühjahr).

Alle Mehrwerte der Mitgliedschaft im 360° travel.CLUB erhalten Sie während der Laufzeit des aktuellen Abonnements ohne Aufpreis. Weitere Informationen finden Sie hier: *www.360grad-medienshop.de/TravelClub-Kanada*. Sie möchten den Weg vom Abonnement in die Mitgliedschaft des 360° travel.CLUB nicht mitgehen? Melden Sie sich per E-Mail unter club@360grad-medien.de oder per Telefon unter 02104 5063 – 100, dann finden wir eine Lösung für Sie.

Nun zur aktuellen Ausgabe unseres Magazins 360° Kanada: Auch im Winter ist Kanada ein lohnendes Reiseziel. In diesem Heft nehmen unsere Autoren Sie in einem ausführlichen Special mit zu Winteraktivitäten jenseits der Skipisten, die ihren besonderen Reiz haben.

In einer Fotostory stellen wir Ihnen zum Start einige Winterhighlights abseits der ausgetretenen Pfade vor. Anschließend begeben wir uns mit Win Schumacher in den kanadischen Rocky Mountains auf die Suche nach Wölfen, Luchsen und Pumas, bevor Tobias Barth uns eine Einführung in das Snowshoeing und Ice Fishing gibt. Zum Abschluss darf natürlich insbesondere in den Nordterritorien ein Blick an den Himmel nicht fehlen. Auch die eindrucksvollen Polarlichter sind definitiv eine Reise wert!

Ihre Redaktion von 360° Kanada

Inhalt

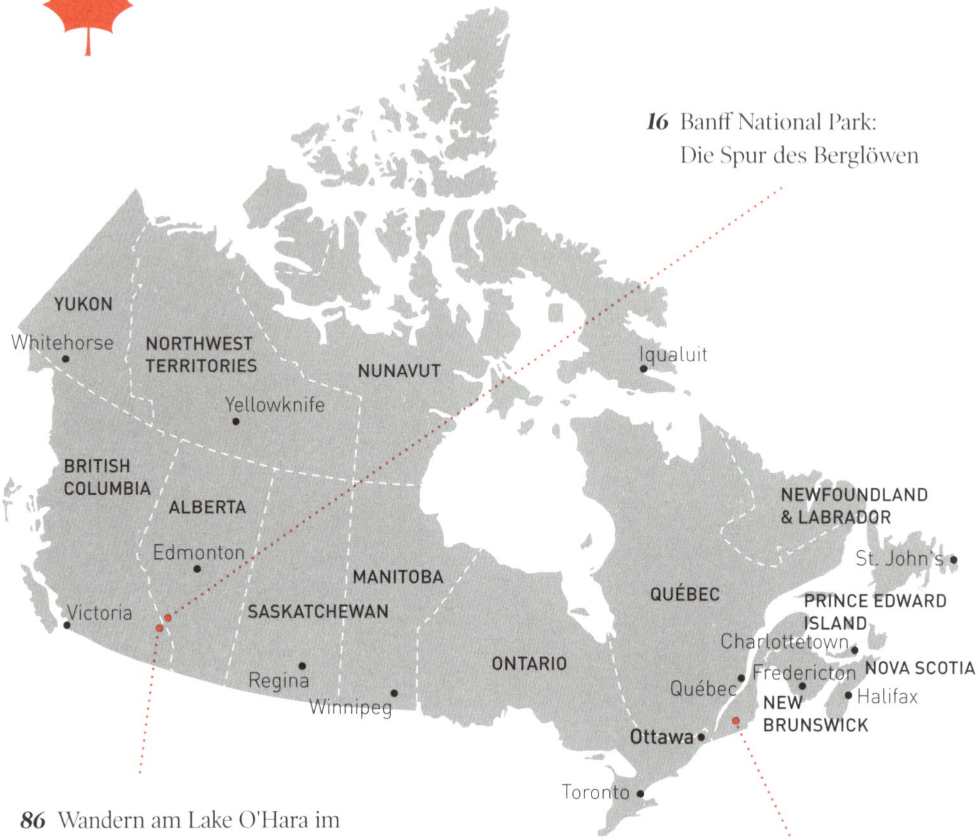

16 Banff National Park: Die Spur des Berglöwen

86 Wandern am Lake O'Hara im Yoho National Park

62 Auslandschuljahr: Bishop's College School Québec

3 Starten

Einsteigen

6 News
8 48 Stunden in Winnipeg

Eintauchen

10 Fotostrecke: Abseits von Piste und Pulver
16 Die Spur des Berglöwen
24 Snowshoeing und Ice Fishing
30 Magische Lichtspiele am nördlichen Himmel

Entdecken

38 Island: Schillernde Eiskunstwerke auf schwarzem Strand

DKG Journal

44 Kanada und der tauende Arktische Ozean
47 Deutschland und die (kanadische) Arktis
50 FS Polarstern eingefroren im arktischen Meereis
52 Inuit zwischen Anpassung und Kulturverlust
54 Verbindung zum Weltall
56 Work and Travel in der Arktis

58 Norbert Strohschen: Ein Grand Seigneur ist von uns gegangen
59 Kanada ehrt DKG-Präsidiumsmitglied
60 Bericht aus den Regionen und Internes

Neustarten

62 Das große Abenteuer
72 Das Provisorium wird zur Gewohnheit

Erleben

78 Aus dem Fenster sieht Driftwood Holly die Nordlichter

Einsetzen

80 Wechselt der Goldesel den Stall, bittet die Canada Revenue Agency zur Kasse

Mitmachen

82 Leserfotos
86 Lesertipp: Wandern am Lake O'Hara im Yoho National Park

90 Ausblicken

Einsteigen

Welcome to the Jungle in British Columbia

Schon gewusst, dass Kanada einen der faszinierendsten Regenwälder der Nordhalbkugel hat? Und die besten Guides, die Besucher durch den Dschungel bringen: Mike Willie (von Sea Wolf Adventures) und Andrew Jones (von Kingfisher Wilderness) dringen auf ihren Touren mit dem Boot und zu Fuß ins Herz des Great Bear Rainforest in British Columbia vor, zeigen Wale und Grizzlys und klopfen bei den Kwakwaka'wakw an die Tür, die seit mehr als 14.000 Jahren im Regenwaldgebiet zu Hause sind.

Raus aus dem Alltag, rein in die Wildnis des Yukon

Fast 80 Prozent des Yukon sind völlige Wildnis. Überall gibt es Trails. Einige davon sind beliebt und frequentiert (wie der Chilkoot Trail aus der Goldrauschzeit), andere Wege führen tief in die unberührte Natur, in der das einzige Zeichen von Zivilisation der Wanderweg selbst ist. Zu sehen gibt es bei all diesen Optionen jede Menge: den höchsten Berg Kanadas (Mount Logan), glasklare Seen, bizarre Felsen und eine unglaublich vielfältige Tierwelt. Eines der Highlights: der Tombstone Territorial Park im September, wenn der Indian Summer die Natur in ein orangerotes Licht taucht.

Bisons und indigene Kultur in Saskatchewan

Vor den Toren Saskatoons bietet der Wanuskewin Heritage Park mit authentischen Programmen tiefe Einblicke in die Kultur der indigenen Völker der Northern Plains, die sich an diesem Ort bereits vor mehr als 6400 Jahren versammelt haben. Im Sommer 2020 kommen nun endlich auch die Präriebisons nach Wanuskewin zurück. Gleichzeitig erwartet der Park seine Ernennung zum UNESCO-Weltkulturerbe. Wir drücken die Daumen!

Happy Birthday: Manitoba wird 150 Jahre alt!

Am 12. Mai 1870 verabschiedete das Parlament Kanadas den sogenannten Manitoba Act und ermöglichte damit die Gründung Manitobas und den Beitritt in die Kanadische Konföderation. Mit der Initiative Manitoba 150 wird der runde Geburtstag der Provinz das ganze Jahr über kräftig und gebührend gefeiert!

Die schönste Insel Kanadas liegt in Nova Scotia

Sie ist offiziell die schönste und beliebteste Insel Kanadas und trotzdem noch weitgehend unentdeckt: Cape Breton Island in Nova Scotia. 2019 wurde sie von den Lesern von Travel + Leisure und vom Condé Nast Traveller zur Lieblingsinsel gewählt. Im Februar 2020 gibt es dort wieder den legendären Nova Scotia South Shore Lobster Crawl und insgesamt über 100 Events, die sich alle um den Hummer drehen.

Frozen: So geht eisköniglisches Fortbewegen in Ontario

Wo die längste Schlittschuhbahn der Welt steht? In Ontario! Und im Jahr 2020 feiert sie ihren 50. Geburtstag. Mit einer ziemlich coolen Party, dem Winterlude Festival im Februar 2020. Wenn der Rideau Canal in der kanadischen Hauptstadt zufriert, tauschen die Kanadier ihre Laufschuhe gegen Schlittschuhe und gleiten auf einer Länge von knapp acht Kilometern durch die Stadt. Der vereiste Kanal ist auch wichtige Verkehrsader für Angestellte, die mit Gleitschuhen unter den Füßen und dem Aktenkoffer unterm Arm ins Büro flitzen.

Mit Hope Boots von Québec in die Welt

Sie sind von indigenen Frauen genäht und bringen Hoffnung in die Welt: die wunderschönen *hope boots*, die von indigenen Künstlerinnen in Québec gefertigt werden. Wer mehr über die Traditionen und Bräuche der First Nations erfahren möchte, der besucht zum Beispiel eines ihrer Boutique-Hotels wie das Atikuss. Dort gibt es übrigens auch die *hope boots*. Mit denen lässt es sich dann prima durch die Altstadt von Québec schlendern und im Sagamité einkehren. Das ist das erste und einzige indigene Restaurant in der Altstadt Québecs.

Mit der Hängematte in der Skyline

Kanada-Abenteuer 2020 – da sollte natürlich auch Toronto auf der Liste stehen, am besten ganz oben! Denn im Jahr 2020 öffnen nicht nur hippe, ökologisch nachhaltige Hotels wie das W-Hotel ihre Pforten und laden dazu ein, sich als einer der ersten in die brandneuen Federkissen zu kuscheln oder in der Hängematte aus dem Hotelzimmer den Blick über die Skyline Torontos zu genießen. Auch die Promidichte steigt pünktlich zum Toronto International Film Festival.

48 Stunden in Winnipeg

Willkommen in Winnipeg, der Hauptstadt Manitobas! Die lebhafte Multikulti-Metropole bietet in ihren abwechslungsreichen Vierteln eine aufregende Mischung aus Architektur, Shoppingmöglichkeiten, künstlerischem Angebot und nicht zuletzt kulinarischen Überraschungen. Nutzen Sie Ihren Aufenthalt zur Besichtigung der Sehenswürdigkeiten, wie zum Beispiel das Canadian Museum for Human Rights, die National Historic Site The Forks oder den Assiniboine Park Zoo, oder saugen Sie einfach ein wenig der hippen Stadtatmosphäre ein!

Red River mit Museum for Human Rights

1. Tag

Beginnen Sie den Tag mit einem starken Kaffee und einer der weltbesten Zimtschnecken von Tall Grass Prairie, einem stadtbekannten Biobäcker in der Markthalle des The Forks Market. Der verführerische Duft von Zimt schlägt Ihnen schon beim Betreten des Gebäudes entgegen – einfach immer der Nase nach ...

Gut gestärkt nutzen Sie den heutigen Vormittag am besten, um sich einen ersten Überblick über Winnipeg zu verschaffen: Die knapp zweistündige Stadtrundfahrt mit der Winnipeg Trolley Company startet direkt am The Forks Market. Erfahren Sie während dieser preisgekrönten Tour an Bord eines nostalgischen Tramwagens unter anderem, warum Winnipeg einst als gefährlichste Stadt Kanadas galt und was es mit den Geheimnissen des imposanten Manitoba Legislative Building auf sich hat.

Wie wäre es anschließend mit einem Mittagessen im Promenade Café? Genießen Sie die lokale, französische Küche mit Blick auf den Red River und die Esplanade Riel Bridge. Am anderen Ufer erkennen Sie bereits das Canadian Museum for Human Rights mit seiner einzigartigen Architektur. Erkunden Sie es am Nachmittag auf eigene Faust oder im Rahmen einer geführten Tour. Das innovative und interaktive Museum beleuchtet das Thema der Menschenrechte eindrucksvoll aus unterschiedlichen Blickwinkeln. Definitiv ein Ort mit Tiefgang!

Nun haben Sie die Möglichkeit, bei einer Bootstour mit Splash Dash Water Taxi weitere Perspektiven auf Winnipeg zu genießen! Während der halbstündigen Tour erläutert der Kapitän zudem die am Wasser gelegenen Sehenswürdigkeiten – Schiff ahoi!

Im Anschluss laden die Geschäfte des nahe gelegenen The Forks Market zu einer Runde Shopping ein. Von Souvenirs über Fachartikel bis hin zu (Kunst-)Handwerk – hier ist für jeden etwas dabei. Mischen Sie sich im The Common unters Volk, und gönnen Sie sich ein Gläschen Bier oder Wein mit den *locals*. Zum Tagesausklang wartet das elegante Passero Restaurant direkt um die Ecke.

2. Tag

Nach einem ausgiebigen Frühstück im Clementine Café im historischen Exchange District lädt dieses ehemalige Kultur- und Handelszentrum Winnipegs mit seinen Gebäuden aus den 1930er-Jahren zur Erkundung ein. Heute zählt es zu Kanadas National Historic Sites und ist eines der In-Viertel der Stadt. Während einer geführten *walking tour* erfahren Sie spannende Details zum „Chicago of the North", wie dieses Viertel auch liebevoll genannt wird.

Nun steht der Besuch des Assiniboine Park Zoo am Rande der Stadt auf dem Programm. Im Ausstellungsbereich „Journey to Churchill" erhalten Sie einen Vorgeschmack auf die subarktischen Arten und Landschaften aus Manitobas Norden. Der Anblick der schwimmenden Eisbären im Unterwasserglastunnel wird Sie nicht mehr loslassen.

Bei Ihrem Mittagessen im Qualico Family Centre Restaurant haben Sie einen fantastischen Blick auf den Assiniboine Park. Wenn es Sie eher in die Innenstadt zurückzieht, können Sie zur Mittagszeit auch an einem kulinarischen Rundgang mit Culinary Adventures Co. teilnehmen. Die Genießertouren werden zu verschiedenen Themen angeboten.

Einmal Eisbären ganz nah sein im Assiniboine Park Zoo

Das The Manitoba Museum nimmt Sie am Nachmittag mit auf eine naturhistorische Zeitreise durch Manitobas weite und vielseitige Landschaften, von der arktischen Küste bis zu den Weiten der Prärie. Das museumseigene Planetarium begeistert darüber hinaus ebenso wie die naturwissenschaftliche Ausstellung mit mehr als 100 Exponanten zum Mitmachen. Alternativ kommt ein Besuch des WAG Inuit Art Centre in Frage. Mit mehr als 13.000 Exponaten beherbergt es die weltweit größte Sammlung an zeitgenössischer und traditioneller Kunst der Inuit. Dank erzählter Geschichten, Videoeinspielungen und moderner Technologien werden die Ausstellungsstücke hier in einen kulturellen und historischen Kontext gesetzt. Das WAG Inuit Art Centre ist Teil der Winnipeg Art Gallery und öffnet seine Pforten im Herbst 2020.

Genießen Sie den Abend bei leckerem Essen und hausgebrauten Bieren in der trendigen Nonsuch Brasserie & Brewery, und lassen Sie dabei die zwei intensiven und ereignisreichen Tage in der Hauptstadt Manitobas Revue passieren.

Entspannte Atmosphäre auf dem The Forks Market

PACSTC '08

Abseits von Piste und Pulver

Kanada im Winter, das bedeutet für viele, Ski- und Hundeschlitten zu fahren. Doch das zweitgrößte Land der Erde hat in der kalten Jahreszeit jede Menge außergewöhnliche Erlebnisse abseits der bekannten Pfade zu bieten. Wir haben zwölf Winterhighlights für Sie, die alle eines gemeinsam haben – immer schön warm anziehen!

In Winnipeg wird an zehn Tagen im Februar das Erbe der Voyageurs, (Pelzhändler) gefeiert.

Schneeskulpturen sind fester Bestandteil des Festival du Voyageur.

Im Yukon lassen sich die Nordlichter aus 12.000 Metern Höhe beobachten. Die Flugzeuge starten ab Whitehorse.

Neben den herabstürzenden Wassermassen gibt es an den Niagara Falls im Winter baumdicke Eiszapfen zu bestaunen. Abends ist es besonders märchenhaft.

Bei Temperaturen von bis zu minus 35 Grad Celsius wird der gefrorene Great Slave Lake zur Eisstraße.

Das von Pflanzen auf dem Boden des Abraham Lake ausgestoßene Methangas gefriert auf dem Weg nach oben und bildet dabei Tausende makellos geformte Blasen.

Québec ist Kanadas Tubing-Paradies. In den Winter Fun Parks der Provinz rasen Jung und Alt in Reifen die Pisten hinab. Es gibt sogar eine Halfpipe.

Bei Eis und Schnee werden die zu Glasmurmeln gefrorenen Trauben in Nova Scotia geerntet. Die Eisweine kann man dann auf den Weingütern der Winzer probieren.

Bis zu sechs Meter Schnee im Jahr, 17.500 Kilometer Küstenlinie und mindestens ebenso viele tolle Aussichten. Perfekte Voraussetzungen für eine Schneemobilfahrt in Newfoundland & Labrador.

Die Spur des Berglöwen

Durch die kanadischen Rocky Mountains streifen noch immer Luchse, Pumas und Wolfsrudel. Im Winter stoßen Skifahrer manchmal auf ihre Spuren im Schnee.

Wo sind die Wölfe? Laura Rance reckt die Antenne ihres Empfangsgeräts noch höher, aber es ertönt kein Signalton. Es ist früh am Morgen in den kanadischen Rocky Mountains, und im Banff National Park herrscht eine fast unheimliche Stille. Nur einige Hundert Meter von hier sucht eine Gruppe Wapiti-Hirsche unter der Schneedecke nach Fressbarem. Hinter ihnen ragt das majestätische Felsmassiv des Mount Rundle auf.

„Sie können nicht weit sein", sagt die Parkrangerin. Erst vor wenigen Tagen wurde das Rudel hier in der Gegend gesehen. Rance kann mit ihrem Ortungsgerät die Wölfe aus einiger Entfernung aufspüren. Eines der Tiere trägt ein Funkhalsband. Jetzt im Winter kommen die Tiere dem kleinen Städtchen Banff manchmal ganz nahe. „Wir müssen die Hirsche immer wieder selbst aus dem Zentrum treiben", sagt Rance, „Sie glauben sich in der Nähe des Menschen in Sicherheit." Doch ihr Eindruck trügt.

Durch den Banff National Park streifen noch immer Wölfe, Luchse und Pumas. Wer auf den Langlaufpisten des Schutzgebiets den Winterwald erkundet, stößt bisweilen auf ihre Fährten im Neuschnee. Je weiter man auf Skiern ins Innere des UNESCO-Welterbes im Westen der Provinz Alberta vorstößt, umso dichter rückt der verschneite Zauberwald an die Piste und hat einen bald ganz verschluckt. Nur Bärenspuren sucht man vergeblich. Die Grizzlys und Schwarzbären halten in der kalten Jahreszeit Winterruhe.

Der Banff National Park ist der älteste und meistbesuchte Nationalpark Kanadas. Mehr als vier Millionen Touristen besuchten den Park im letzten Jahr. Der ungeheure Besucherstrom stellt Naturschützer und die Parkverwaltung vor gewaltige Herausforderungen. Im Hochsommer drängen sich auf den Busparkplätzen und Aussichtspunkten Reisegruppen aus aller Welt. Selbst auf entlegeneren Wanderwegen herrscht dann Hochbetrieb.

Im Winter bevölkern in- und ausländische Gäste die Abfahrtspisten der Skigebiete. Sie gehören zu den beliebtesten Kanadas. Die Lifte von Lake Louise oder des bis zu 2770 Meter hoch gelegenen Sunshine Village sind von November bis Mai geöffnet. Dann sind hier im Nationalpark Après-Ski-Partys statt stiller Winterzauber angesagt.

„Mit der Anzahl der Besucher steigt auch das mögliche Konfliktpotenzial mit Wildtieren", sagt Saundi Norris. Die Biologin ist im Nationalpark für das Zusammenleben von Mensch und Tier zuständig. Meist klappt das reibungslos, doch gerade im Winter, wenn Eis und Schnee die Bergbewohner auf der Suche nach Nahrung ins Tal und in die Nähe menschlicher Siedlungen zwingen, kommt es manchmal zu unheimlichen Begegnungen.

Ein Vorfall wie 2001, als ein Puma eine Langläuferin tötete, gilt jedoch als absoluter Ausnahmefall. „Wir haben hier Jahr für Jahr Hunderte positive Begegnungen mit Wildtieren", sagt Norris, „aber diejenigen,

die es in die Schlagzeilen schaffen, sind leider immer nur die negativen." Dass Menschen ins Visier der Berglöwen geraten, ist äußerst selten. In den letzten hundert Jahren gab es nach offiziellen Angaben nur 25 tödliche Puma-Angriffe in ganz Nordamerika.

Rund um Banff führen Wildkorridore oft nicht weit von Supermärkten, Schulen und Kindergärten vorbei. Panisch wird hier beim Auftauchen von Wölfen und Pumas aber niemand. Ihre Fährten werden im Winter von Norris' Mitarbeitern gezählt und ausgewertet. „Manchmal sind wir auch auf Skiern im Hinterland des Nationalparks unterwegs und zeichnen dort die Wildspuren auf", sagt Norris. „Ich liebe es, da draußen in der Wildnis zu sein!"

Anders als auf den Abfahrtspisten der drei Skigebiete, die im Park liegen, herrscht auf den Langlaufloipen kaum Andrang. Noch weniger Wintersportler zieht es in den Yoho National Park jenseits der Grenze zu British Columbia, den Peter Lougheed und Spray Valley Provincial Park. Das wilde Bergpanorama von Kananaskis Country war bereits Kulisse für großes Kino. Hier wurden Teile von „Brokeback Mountain" und „The Revenant" gedreht.

Naturliebhaber haben in Kananaskis die Winterwunderwelt der Rocky Mountains ganz für sich allein. Wer es abenteuerlich mag, kann sich hier auch eine eigene Route von Hütte zu Hütte zusammenstellen, die die Kanadier *backcountry huts* nennen. Einige der Unterkünfte sind im Winter nur auf Skiern zu erreichen.

Auf dem Bryant Creek Trail im Spray Valley umgibt den einsamen Langläufer eine schneeflockenumsäuselte Stille. Etwa eineinhalb Stunden südlich von Banff trifft man hier – wenn überhaupt – auf nur wenige gleichgesinnte Skifahrer, denen Natur allein für den perfekten Winterausflug genügt. Am Pistenrand warnen Schilder vor Bären. Im Sommer sollten sich Wanderer hier in Acht nehmen. Der winterliche Besucher kann die Hinweise jedoch getrost ignorieren. Bestenfalls wird ihm hier ein Kojote oder ein Elch begegnen.

Naturschützer ziehen Langlauftouren dem Alpinsport im National-park vor.

An diesem Wintermorgen ist es aber ganz still im Bergwald. Von Weitem ist nur hin und wieder das leise Glucksen von Tannenhühnern zu vernehmen. Sonst nichts als das Flüstern von Schnee, der von überladenen Zweigen fällt, und das Knirschen der Skier. Fast lautlos plätschert der dunkle Bryant Creek vorbei an filigranen Eis- und Schneeinseln dem alles überragenden Cone Mountain entgegen. Der hochherrschaftliche Berg sieht von hier wie eine Pyramide aus, an der ein riesiger Grizzly seine mächtigen Pranken gewetzt hat. Eine einsame Büffelkopfente zieht im noch eisfreien Bach ihre Kreise. Aus den Wipfeln am Ufer grüßt sie ein Schwarm Seidenschwänze. Wie das Entlein, sind auch die hübschen Singvögel mit der spitzen Federhaube Gäste aus dem hohen Norden. Im Frühjahr kehren sie zum Brüten in die Taiga zurück.

Weniger Sportliche können mit dem Hundeschlitten den Winterwald erkunden.

Die Loipe führt immer weiter in die Waldeinsamkeit zum feierlich stillen Watridge Lake. Sein im Sommer türkisblaues Wasser hat sich längst in eine blendend weiße Schneefläche verwandelt. Noch eindrucksvoller ist der lang gestreckte Marvel Lake mit dem Matterhorn-gleichen Mount Assiniboine als Wächter. Irgendwann verliert sich die Skispur im Neuschnee, und der Entdecker muss sich seinen eigenen Weg durch die Wildnis bahnen.

Wer von der Weltabgeschiedenheit nicht genug haben kann, mietet sich eine Nacht in der Schutzhütte von Bryant Creek ein oder schlägt sich über den Wonder Pass nach British Columbia durch.

Win Schuhmacher

Als Journalist und Fotograf besuchte Winfried Schumacher mehr als hundert Länder. Er reiste per Anhalter durch die Sahara, im Buschtaxi durch Madagaskar und auf einem Eisbrecher über den südlichen Polarkreis. Seine Arbeit wurde unter anderem mit der „Bourse du voyageur" von Lonely Planet Frankreich, dem Columbus-Preis für junge Autoren und dem MERIDIAN-Journalistenpreis ausgezeichnet. Seit 2009 lebt er in Tel Aviv und arbeitet als Lektor an der Universität Haifa.

Weniger Abenteuerlustige nehmen mit der urgemütlichen Mount Engadine Lodge vorlieb. Hier kann man sich nach einer anstregenden Skitour nicht nur am Kaminfeuer aufwärmen, sondern wird auch fürstlich bekocht. Von der Terrasse blickt man auf ein Gebirgstal mit einer Kette an Dreitausendern als Rückgrat.

„Fast jede Nacht haben wir hier Elche zu Besuch", verrät Lodge-Mitarbeiter Nick Kostiuk. „Im Herbst konnten wir sogar ein Rudel Wölfe beobachten, das mit einem Grizzly um seine Beute kämpfte." Angst vor den Räubern vor seiner Tür hat der 25-Jährige nicht. „Ich habe vor einem ausgewachsenen Elch sehr viel mehr Respekt." Wenn bei Nacht Wolfsgeheul von den umliegenden Berghängen tönt, kriecht ein unheimlicher Schauer unter die wohlig warme Bettdecke. Ist das Knacken, das da gerade draußen zu vernehmen war, etwa ein Elchbulle oder gar ein Puma? Morgen in aller Frühe werden es ihre Spuren verraten. Dann steht ein neues Skiabenteuer an. Wie tröstlich, dass wenigstens alle Grizzlys schlafen.

Travel Alberta
www.travelalberta.com

Offizielle Website der Destination Canada
www.meinkanada.com

HIN UND ZURÜCK

Zum Beispiel mit Air Canada *(www.aircanada.com)* oder Icelandair *(www.icelandair.com)* über Toronto oder Vancouver nach Calgary in Alberta. Von Calgary kommt man am besten mit dem geländetauglichen Mietwagen in die Rocky Mountains.

UNTERKÜNFTE

Die urgemütliche **Skoki Lodge** inmitten des Banff National Park liegt in 2164 Meter Höhe und ist im Winter nur auf Skiern zu erreichen.
www.skoki.com

Eine der schönsten Unterkünfte im wilden Kananaskis Country ist die weltabgeschiedene **Mount Engadine Lodge** mit atemraubender Bergkulisse. Von hier aus lassen sich zahlreiche Langlauftouren verschiedener Schwierigkeitsgrade unternehmen.
www.mountengadine.com

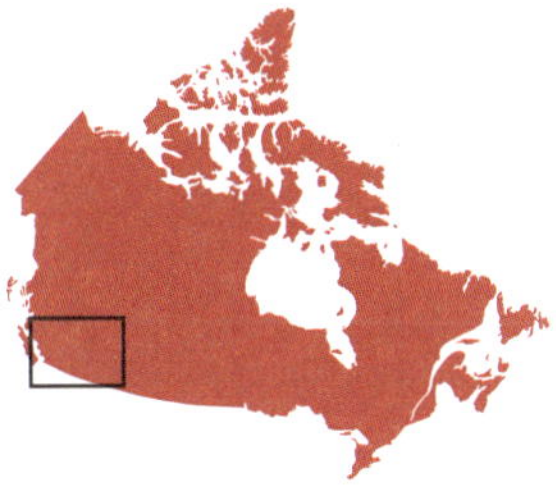

Snowshoeing und Ice Fishing

Zwei Dinge, die man sich im Winter nicht entgehen lassen sollte

Die Winteraktivitäten machen Spaß und bringen den Gästen Kanadas Traditionen näher.

Traditioneller Schneeschuh

Winter in Kanada, ein traumhaft schönes Erlebnis in den Weiten des Landes, in den Bergen, aber auch den geografisch gemäßigten Regionen des Landes. Seit Jahrtausenden gehören das Schneeschuhwandern und das Eisfischen zu den winterlichen Traditionen in Kanada. Früher ausschließlich im Sinne des Überlebens in eisigen Regionen, heute aber auch als beliebte touristische Attraktionen. Wir stellen beide Aktivitäten vor.

Die Geschichte der Schneeschuhe in Kanada

Das Prinzip und die Bauart der Schneeschuhe ist uralt und doch ultramodern und effizient. Egal ob traditonell oder mit modernen Materialien gebaut, ist das Wirkungsprinzip, nicht im tiefen Schnee einzusinken und sich kräftesparend und schnell fortzubewegen, dasselbe. Die Ursprünge der Schneeschuhe liegen im Dunkeln der Geschichte. Viele Historiker glauben jedoch, dass sie vor 4000 bis 6000 Jahren im Kaukasus und in Zentralasien zum ersten Mal genutzt wurden. Sicherlich haben die Jäger, die die ersten Schneeschuhe gebaut haben, Beispiele für die Funktionsweise des Fortbewegungsmittels in der Natur gesehen. So haben sie den Schneehasen beobachtet, der im Laufe der Zeit viel Fell um die Pfoten entwickelt hat, sodass seine Füße, wie mit Schneeschuhen besetzt, nicht im tiefen Schnee einsanken und auf diese Weise die Flucht vor Feinden verbesserte.

Ein bunter Reigen Schneeschuhe

Auch bei der Gletschermumie Ötzi sind einige Forscher der Meinung, dass ein bei ihr gefundener Rahmen Teil eines Schneeschuhes sein könnte. Die ersten Modelle waren große Fellflecken oder Holzblöcke, die mit Fell bespannt waren. Die heutige bekannte Form des Rahmens mit eingeflochtenem Fell oder Leder hat seine Ursprünge bei den nordamerikanischen Ureinwohnern, etwa bei den Huron oder den Cree.

So beschreibt der Forschungsreisende, Kolonisator und Gründer von Québec City Samuel de Champlain, dass die Huron und Algonquin First Nations im Winter

Schneeschuhwandern im Tiefschnee ist ein Riesenspaß, kann aber auch anstrengend sein.

mit großen Schneeschuhen, mit denen sie nicht im Schnee einsinken, auf die Jagd gehen.

Je weiter man sich auf dem Kontinent nach Süden bewegt, um so schmaler und länger werden die Schneeschuhe. Der größte Jagdschneeschuh der Cree ist fast 1,80 Meter lang. Die Irokesen entwickelten kleinere Modelle, die ihnen die Gewandtheit der Bewegung in Waldgebieten beließen. Bevor sie in den Besitz von Pferden kamen, verwendeten die Prärieindianer sie bei der Winterjagd auf Bisons.

Auch die ersten Europäer nutzten die Schneeschuhe, Soldaten wie Siedler. Die heute bekannten *teardrop*-Modelle wurden vor allen Dingen von Holzfällern getragen, sie sind zwischen einem und eineinhalb Meter lang und ähneln einem Tennisschläger. Diese Form wurde zunächst von der Armee kopiert, im späten 18. Jahrhundert auch von den kanadischen Schneeschuhklubs. Somit kann das Schneeschuhlaufen als eine der ältesten kanadischen Sportarten angesehen werden.

Ob mit traditionellen oder modernen Geräten, Schneeschuhwandern macht einfach Spaß

Heute sind die klassischen Schneeschuhe, die sich immer noch großer Beliebtheit erfreuen, kleiner und leichter. Die Spitze ist leicht nach oben gebogen, sodass das Gehen leichter fällt. Es werden meistens zwei Formen verwendet, die *teardrop*-Form (Tränenform) oder die *bearpaw*-Form (Bärenpfotenform). Traditionelle Schneeschuhe sind aus einem einzigen Streifen zähen Holz, meist weiße Esche, gebogen und an den Enden zusammengebunden. In der Mitte werden sie durch einen leichten Querbalken stabilisiert. Der Raum innerhalb des Rahmens ist mit einem engen Gurtband aus Karibu- oder Rindlederstreifen gefüllt.

Die modernen Geräte bestehen meist aus Aluminium. Sie sind leicht zu tragen, und man lernt schnell, mit ihnen umzugehen. Das Wandern mit Schneeschuhen macht Spaß, und viele Wintersportgebiete

Tobias Barth

Tobias Barth gründete 2007 Faszination-Kanada.com, die größte deutschsprachige Informationsplattform zum Thema Kanada. Seit 1997 bereiste der geborene Weltenbummler viele Male Kanada, erkundete nahezu alle sehenswerten Ecken des Traumlandes und wanderte 2016 in den hohen Norden, in den Yukon, aus. Tobias Barth ist Inhaber von einem der führenden Reiseveranstalter im Yukon. EPIC NORTH Tour Experiences bietet Tagestrips und Mehrtagesreisen im Yukon, in den Northwest Territorien und Alaska an. *epic-north.com/de*

in Europa, aber auch in Kanada und den USA bieten Touren an. Egal ob klassisch oder modern. Mit Schneeschuhen lassen sich die traumhaften Landschaften von Kanada im Winter entdecken. Schneeschuhwanderer nutzen die Geräte mit oder ohne Stöcke.

Das Eisfischen: früher Sicherung des Überlebens, heute soziale Aktivität

Das Eisfischen wird vor allen Dingen in Kanada, in den USA auf den zugefrorenen Great Lakes, in Norwegen, Finnland, Schweden und Russland auf Binnenseen und dem Meer betrieben. War das Eisfischen in frühen Jahren eine gefährliche Aktion zur Sicherung der Ernährung im harten Winter, so ist es heute überwiegend eine soziale Aktivität, die viele Menschen auf die zugefrorenen Seen lockt, so auch in Kanada. Wenn die Seen über eine tragfähige Eisschicht verfügen, dann kann man an manchen Seen richtige Völkerwanderungen beobachten. Mit Motorschlitten, oftmals mit angehängten Hütten, mit Bohrern und Angelruten gehen die Eisfischer auf die Fläche, bohren Löcher, sogenannte Wuhnen, ins Eis und angeln mit ihren kurzen, nur ungefähr zwanzig Zentimeter langen Angelruten nach den Fischen im See. Geangelt wird mit Schnüren, Angelhaken, Blinker, gefangen werden die Fische beim Eisangeln aber auch mit Speeren. Mit einer speziellen Eiskelle werden die gebohrten Löcher eisfrei und offen gehalten.

Eisfischen wird im Freien oder in mobilen oder stationären Hütten betrieben

Während auf vielen Seen im Freien geangelt wird, entstehen auf anderen zugefrorenen Seen richtige kleine Dörfer aus kleinen Hütten, in denen die Eisfischer ihrer Leidenschaft nachgehen. In ihnen verbringen manche Angler mehrere Tage, bis sie ihre Fischrationen aus dem Wasser geholt haben. In der modernen Eisfischerei sind die früher eher spartanisch eingerichteten Fischhäuser schon fast luxuriöse *mobile homes* mit Betten, Öfen, Satelliten-TV und Badezimmer. Teilweise finden sich in den Fischhütten auch Sonargeräte, mit denen den Fischschwärmen nachgestellt wird. An manchen Seen kann man als Gastangler eine Hütte mieten, häufig wird auch ein Shuttleservice zu den Hütten angeboten. Wie man sieht, ist das Eisangeln ein sozialer Zeitvertreib unter Gleichgesinnten geworden.

Gemeinsames Eisangeln ist in Kanada sehr beliebt.

Das Eisangeln birgt auch Gefahren

Die größte Gefahr ist das Eis selbst, sei es das Binneneis auf den Süßwasserseen oder das Meereis. Starke Winde können ein Abbrechen einer Eisscholle bewirken. Schon viele Eisfischer wurden nach dem Abbruch auf das offene Meer hinausgetrieben und mussten von der Küstenwache gerettet werden. Es mussten auch schon Tote beklagt werden. Wärmeeinbrüche im späten Winter lassen das Eis oftmals „faulen", es wird fast wie Softeis und trägt nicht mehr, was für die Eisangler sehr gefährlich werden kann. Leider muss man jedes Jahr beobachten, dass Eisfischer auch noch auf das Eis gehen, wenn davor gewarnt wird.

Eine weitere Gefahr ist der sorglose Umgang mit den Heizungen oder offenem Feuer in den Hütten, hier haben Kohlenmonoxidvergiftungen schon manches Opfer gefordert. Aber auch die Kälte auf der Eisfläche und in den nicht geheizten Hütten darf nicht unterschätzt werden.

Insgesamt ist das Eisangeln, das *ice fishing*, eine tolle Winteraktivität, bei der man viele Gleichgesinnte trifft, von ihnen lernt und natürlich dann am Abend, wenn das Anglerglück hold war, ein geniales Essen auf dem Tisch hat.

Magische Lichtspiele am nördlichen Himmel

Autor: Tobias Barth

Wie entstehen die mystischen Nordlichter eigentlich? Seit Jahrtausenden begeistern und faszinieren die Lichter der Aurora borealis die Menschen.

Die Nordlichter erscheinen in verschiedenen Farben. Die typischsten Farben sind Grün und Violett.

Es sind magische Erscheinungen, die es auf der nördlichen Halbkugel zu sehen gibt. Die Rede ist von den Polarlichtern, wissenschaftlich Aurora borealis, die seit Jahrtausenden Menschen faszinieren und beeindrucken. Übrigens, die Lichterscheinung, die maßgeblich von der Aktivität der Sonne abhängt, gibt es auch auf der Südhalbkugel der Erde zu sehen, dann als Aurora australis, das Südlicht.

Man kann die Magie der Nordlichter, ihre Schönheit und Mystik beschreiben, in Bildern und auf Videos darstellen, aber so richtig genießen kann man sie nur, wenn man sie einmal live und vor Ort zu sehen bekommt. Dazu muss man in den hohen Norden Europas, nach Island oder eben nach Kanada reisen. An Orten, an denen die Lichtverschmutzung sehr gering ist, präsentieren sich die Nordlichter in ihrer ganzen Schönheit und Farbenpracht. In den Northwest Territories in Kanada sind die Chancen, auf die schönsten Erscheinungen der Aurora borealis zu treffen, sehr hoch. Nicht umsonst wird die Hauptstadt des Territoriums, Yellowknife, auch die Hauptstadt der Polarlichter genannt. Aber auch im Yukon und im benachbarten Alaska kann man mit hoher Erfolgswahrscheinlichkeit auf die beliebte Aurora-Jagd, das *aurora hunting*, gehen.

Nordlichter bestimmen die Mythologie vieler Völker

Apropos Mythologie, die First Nations Nordamerikas glauben, dass Flüstern die Nordlichter anlockt und man so Nachrichten an Verstorbene schicken kann. Bei den Ureinwohnern in Kanada werden die Polarlichter als Fackeln der Götter angesehen. Eine Überlieferung sagt, dass sich der Halbgott Nanabozho, nachdem er die Welt und den Menschen erschaffen hatte, in den Norden zurückzog, aber versprach, sie stets zu begleiten. Als Zeichen seines Schutzes entzündet er bis heute von Zeit zu Zeit kräftige Flammen, deren Spiegelungen für die Menschen am Himmel sichtbar sind.

Immer wieder schaut man verwundert, wenn man zu den Hauptzeiten der Aurora-borealis-Sichtungen besonders vielen Chinesen und Japaner in Kanada begegnet. Chinesen wie Japaner schreiben dem Polarlicht besondere Kräfte bei einem Kinderwunsch zu. Sie glauben fest an eine Wirkung auf die Fruchtbarkeit junger Paare. Ein Mythos besagt, dass bei einer Empfängnis unter den Nordlichtern das Kind ein Junge wird. Zudem glaubt man in der japanischen Kultur, dass ein Kind, das unter den Nordlichtern gezeugt worden ist, mit besonders gutem Aussehen, Verstand sowie Glück gesegnet ist.

Die Ursache der Polarlichter liegt in der Sonne

Die Sonne, sie ist alles andere als eine ruhige, warm leuchtende Scheibe. Die Sonnenoberfläche ist fast 6000 Grad Celsius heiß und brodelt ständig vor Energie. Oftmals werden riesige Mengen der Sonnenatmosphäre explosionsartig in den interplanetaren Raum hinausgeschleudert. Dabei kann der sogenannte schnelle Sonnenwind, der im Wesentlichen aus Protonen und Elektronen besteht, Geschwindigkeiten von bis zu drei Millionen Stundenkilometern, das sind fast drei Promille der Lichtgeschwindigkeit, erreichen.

Dieser rasende Strom aus geladenen Teilchen kann auch auf die Erde einprasseln und fliegt dann noch weiter bis über den Pluto hinaus. Dadurch verursachte Störungen im Funkverkehr, in der Kommunikation mit Satelliten bis hin zu großflächigen Stromausfällen sind keine Seltenheit.

Die Aktivität der Sonne ist an den elfjährigen Sonnenfleckenzyklus gekoppelt, das heißt, dass sich die Aurora borealis mitnichten an irgendwelche Jahreszeiten auf der Erde hält. Dennoch sind die Polarlichter als schemenhafte Lichterscheinungen natürlich nur dann gut zu sehen, wenn der Himmel möglichst dunkel ist. Und das ist auf der Nordhalbkugel die Zeit zwischen Oktober und Februar. Auf der Südhalbkugel, insbesondere am Rand der Antarktis oder im Bereich der Südspitze

Die Polarlichter tauchen in der Mythologie vieler Völker auf.

Südamerikas, sind die Polarlichter ebenfalls zu sehen, allerdings werden die Erscheinungen dort nicht als Nordlichter, sondern als Südlichter, als Aurora australis, bezeichnet. Gut zu sehen sind diese entsprechend während des Südwinters in der Zeit von April bis August.

Die Entstehung der Nordlichter beziehungsweise der Aurora borealis

Irgendwann treffen die Teilchenströme dann auf die obersten Schichten der Atmosphäre, wo sie mit ihrer enormen Energie die Gasatome zum Leuchten anregen. Im Prinzip werden dabei die Elektronen der Gasatome auf ein höheres Energieniveau gebracht. Wenn sie von dort aus wieder auf ihr Ausgangsniveau zurückfallen, senden sie elektromagnetische Wellen, unter anderem im sichtbaren Frequenzbereich, aus. Daher darf man die Entstehung der Polarlichter im Groben durchaus mit der Physik der Neonröhre vergleichen.

Die Nordlichter sind immer wieder ein ganz besonderes Ereignis.

Sind die Polarlichter tatsächlich gefährlich?

Ja und nein. Zwar wird der geladene Teilchenstrom der Sonne ständig in die Polargebiete (Nord und Süd) fokussiert, aber es ist ja gerade die Aurora borealis, die deren große (kinetische) Energiemengen aufnimmt und die Teilchen dadurch massiv abbremst. Das Leben auf der Erde, und dazu gehören auch wir Menschen, hat sich unter den herrschenden Bedingungen entwickelt und daran in Millionen von Jahren angepasst. Dennoch bleibt ein kleines Restrisiko für diejenigen, die den Polarlichtern ständig ausgesetzt sind. Für sie besteht eine gewisse Wahrscheinlichkeit, dass einzelne energiereiche Teilchen bis zum Boden durchdringen und Veränderungen am Zellkern bewirken könnten, das heißt eine Zellentartung bis hin zur Krebsentstehung auslösen können.

Warum ist die Aurora borealis gerade in Nordkanada so schön?

Der magnetische Nordpol stimmt nicht genau mit dem geografischen Nordpol, also dem Durchstoßpunkt der Drehachse durch den Globus, überein. Dies gilt ebenso für den magnetischen Südpol. Mehr noch, die magnetischen Pole sind ständig am Wandern. Zurzeit bewegt sich der nördliche Magnetpol circa vierzig Kilometer pro Jahr in westliche Richtung. Um 1900 befand er sich noch im nördlichen Baffin Island. Diese Westdrift des magnetischen Nordpols hat etwas damit zu tun, dass die Polarlichter im nördlichen Kanada meistens intensiver und schöner ausgeprägt sind als beispielsweise in Finnland.

Praktische Tipps, wie man mystischen Nordlichter perfekt fotografiert

Das perfekte Fotografieren der Nordlichter verlangt nach längeren Belichtungszeiten, die nicht mit der Hand zu halten sind. Deshalb ist es wichtig, ein gutes, auch in unwegsamem Gelände stabiles Stativ an Bord zu haben. Und auch die Kameraausstattung sollte höherwertig sein, damit es ein zufriedenstellendes Ergebnis bei den Nordlichtbildern gibt. Denn wer hat nicht schon mit großer Begeisterung beeindruckende Fotos der Aurora borealis in Foren oder Büchern gesehen? Wir empfehlen als Objektiv ein Weitwinkel von 8-20 mm f1.4 bis f2.8.

Um bei der Jagd auf die Nordlichter schnell handeln zu können, sind einige Voreinstellungen an der Kamera notwendig, die am besten bei Licht in der Unterkunft vorgenommen werden. So sollte die ISO-Einstellung zwischen 1600 und 2500 liegen, Profis stellen auch ISO 3200 ein. Das Objektiv muss auf den sogenannten *infinity*-Modus gestellt sein, also manuell auf unendlich. Der Modus kann auch mit einem Leuchtstift markiert werden. Die Belichtungszeit sollte je nach Stärke der Aktivität der Nordlichter zwischen zehn und zwanzig Sekunden liegen. Ersatzakkus mitnehmen nicht vergessen!

LINKS ZUR VORHERSAGE VON NORDLICHTERN / AURORA BOREALIS IN KANADA

Aurora Forecast:
auroraforecast.com

Meteo Whitehorse:
meteowhitehorse.ca/wxnorthernlights.php

Astronomy North Society:
astronomynorth.com/aurora-forecast

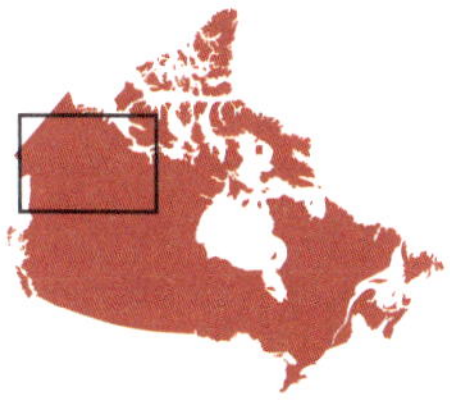

www.360grad-medienshop.de

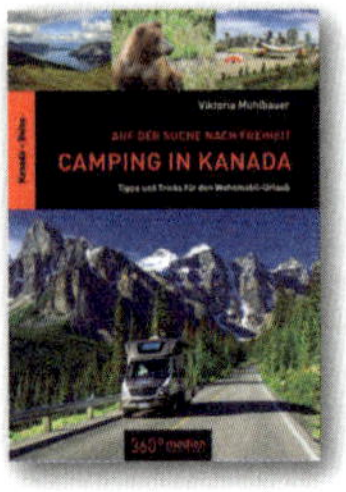

CAMPING IN KANADA

Tipps und Tricks für den Wohnmobil-Urlaub

Der Ratgeber soll Camping-Neulingen bei der Planung ihres Kanada-Abenteuers zur Seite stehen und die wichtigsten Fragen rund um Wohnmobile, Vermieter und Zielgebiete beantworten. Einfach und verständlich werden die wichtigsten Fragen beantwortet.

360° medien, 250 Seiten, Preis 19,95 €
ISBN 978-3-947164-26-4

360 KANADA-TRÄUME

Tipps für eine unvergessliche Reise im Land des Ahorns

Das Buch zeigt die jeweils zehn besten Empfehlungen in 36 Kategorien aus den Rubriken Natur & Outdoor, Städte & Regionen, Reisen & Übernachten, Kultur & Lebensart.

360° medien, 440 Seiten, Preis 24,95 €
ISBN 978-3-947164-28-8

KANADA

Der Osten

Das Buch beschreibt Kanadas Osten flächendeckend und gegliedert nach Reiseregionen. Es legt einen deutlichen Schwerpunkt auf die besonders sehenswerten Städte und Landschaften. Mit Tipps und Adressen Ort für Ort, umfangreichen Hintergrundinformationen sowie einer Extra-Reisekarte.

Dumont Reiseverlag, 512 Seiten, Preis 26,00 €
ISBN 978-3770181308

KANADA WESTEN

mit Alaska

Ein umfassender Reiseführer zu Kanadas Westen und Alaska, der sich in erster Linie an Leser wendet, die den Westen Kanadas auf eigene Faust entdecken und erleben möchten.

Reise Know How Verlag, 632 Seiten, Preis 25,00 €
ISBN 978-3896627445

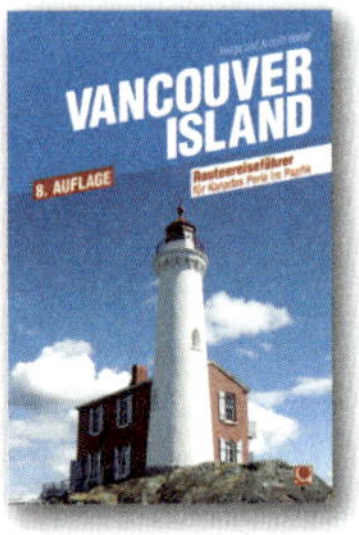

VANCOUVER ISLAND

Routenreiseführer

Dieser Reiseführer führt Sie nicht nur durch den touristisch gut erschlossenen Süden und Osten der Insel, sondern auch in die landschaftlich besonders reizvollen Gebiete an der West- und Nordküste.

Conbook Verlag, 432 Seiten, Preis 15,95 €
ISBN 978-3943176179

VERSCHOLLEN AM NAHANNI

Ein ergreifender Abenteuerroman, der in der landschaftlich großartigen, aber undurchdringlichen, Wildnis am Nahanni River in Nordwestkanada spielt.

360° medien, 200 Seiten, Preis 14,95 €
ISBN 978-3-948097-49-3

Produkte mit der Rundumbetrachtung insbesondere für die Destinationen Australien, Neuseeland, Kanada, Afrika und die USA. Zusätzliche Informationen und Online-Bestellmöglichkeit unter: www.360grad-medienshop.de

Weitere Bücher, Magazine, DVDs, Kalender und mehr finden Sie online.

KOCHEN IM NIRGENDWO

Dieses Kochbuch liefert Backpackern Rezepte für günstige und leckere Gerichte sowie hilfreiche Tipps für die Ausrüstung und das Einkaufen während der Reise.

360° medien, 96 Seiten, Preis 14,95 €
ISBN 978-3-947944-00-2

FAHR FAR AWAY

Mit dem Fahrrad von Alaska bis Feuerland

Fast zwei Jahre am Stück waren Petra und Volker Braun mit den Rädern unterwegs zwischen Alaska und Feuerland, nahezu 29.000 Kilometer auf und neben der Panamericana. Das Buch erzählt ihre Geschichte voller aufwühlender Emotionen und hochinteressanter Stationen.

360° medien, 224 Seiten, Preis 16,95 €
ISBN 978-3981571776

EIN BLOCKHAUS IN DER EINSAMKEIT

Kanadas Wildnis als Lebensweg

Ab in die kanadische Wildnis: Mit dem Bau eines Blockhauses beginnen Nicole Lischewski und ihr Freund Chris ein neues Leben. Es gilt, mit Elchen und Bären gute Nachbarschaft zu halten und sich aus Garten, Wald und See weitgehend selbst zu versorgen.

360° medien, 304 Seiten, Preis 16,95 €
ISBN 978-3-947164-52-3

LANDKARTE QUÉBEC

Maßstab 1:800.000

Shoppen in Montréal oder eine Kajakfahrt im Parc national de la Jacques-Cartier? Dann ist die BUSCHE MAP Québec der ideale Reisebegleiter. In der Karte eingezeichnet sind Wildgebiete, Fährverbindungen, Nationalparks und Sehenswürdigkeiten.

Busche, Einband gedeckelt, Preis 11,99 €
ISBN 978-3897643901

LANDKARTE ONTARIO

Maßstab 1:800.000 / 1:2 Mio.

Einmal die atemberaubenden Niagarafälle anschauen oder die reichhaltige Tierwelt des Algonquin Provincial Park erleben? Dann ist die BUSCHE MAP Ontario der ideale Reisebegleiter. Zusätzlich eingezeichnet sind Nationalparks, Wildgebiete, Sehenswürdigkeiten sowie Entfernungen und Zeitzonengrenzen.

Busche, Einband gedeckelt, Preis 11,99 €
ISBN 978-3897643895

360° KANADA

Heftpaket Jahrgang 2019

Das Heftpaket enthält alle vier Ausgaben des Magazins 360° Kanada aus dem Jahr 2019.

360° medien,
Sonderpreis 19,95 €

360° medien | Marie-Curie-Straße 31 | 40822 Mettmann | Tel.: +49 2104 5063 100 | Fax: +49 2104 5063 156
Web: www.360gradmedien.de | E-Mail: info@360gradmedien.de

Schillernde Eiskunstwerke auf schwarzem Strand

Impressionen im winterlichen Island

Die starke Brandung wirft Eisbrocken von ehemaligen Gletschern zurück auf den Strand.

Schritt für Schritt geht es über Eisplatten und durch mehr als knietiefe Schneeverwehungen. Der Verlauf des Trails ist gerade noch erkennbar. Weit unten im Süden glänzt das Meer im Gegenlicht.

Immer wieder reißen Böen Schneefahnen von den höher liegenden Graten, die sich dann in unzähligen, glänzenden Teilchen vor dem dunkelblauen Himmel verlieren. Nach Überwinden eines Höhenrückens öffnet sich das Panorama bis weit ins enger werdende Tal. Dort sind in der Ferne senkrecht aufsteigende Dampfsäulen sichtbar. „Da hinten könnt ihr ein Bad im warmen Wasser nehmen“, meint Wanderführerin Nora Kauffeld. „Doch vorher kommen wir nahe einer der kochenden Quellen vorbei. Sie münden alle in den Fluss. Haltet gut Abstand davon, der Weg ist vereist!“ Wie das Warmbaden ablaufen soll, erklärt sich beim Näherkommen von selbst. Ein paar einzelne Holzwände stehen frei in der Landschaft. Sie ersetzen Umkleidekabinen. Einige Isländer liegen schon auf dem Rücken im warmen Flusswasser. Nach dem etwas umständlichen Kleiderwechsel geht es barfuß hinein ins Vergnügen. Der sanft fließende, etwa vierzig Grad Celsius warme Fluss ist gerade tief genug, um einen flach liegenden Körper ganz zu bedecken. Rund und glatt sind die aufgeheizten Kiesel am Grund und ermöglichen eine sanfte Rückenmassage. Es riecht nach Schwefel, Dampfschwaden verhüllen immer wieder die Aussicht auf gleißend helle Gipfel rundherum. Urgefühle werden wach: vom behüteten Schaukeln im warmen Wasser.

Die jetzt von Eis bedeckte Gletscherlagune Jökulsarlon

Fluch und Segen des Vulkanismus

Island erlebt ständig steigende Besucherzahlen. Es gewährt Einblicke in die Erdgeschichte und begeistert mit ursprünglichen Naturschauspielen. „Wenn du das Wetter gerade nicht magst, warte eine Viertelstunde“, trösten Einheimische ihre Gäste. Die Vulkaninsel liegt mitten in der nordatlantischen Wetterküche zwischen Polarfronten und der Wirkung des Golfstromes. Auch ist die Erdkruste hier so unstabil wie kaum sonst auf dem Globus. Bei Thingvellir, etwas östlich der Hauptstadt Reykjavik, driften die eurasische und amerikanische Platte auseinander. Ausgerechnet an der Stelle, wo vor etwa tausend Jahren das erste Parlament, das erste Gericht und die erste Gesetzsprechung stattfanden, dem ältesten historischen Ort auf Island, gewährt das unruhige Erdinnere einen Einblick in die Bewegung der Kontinente. Kleine Erdbeben sind noch die geringste der vielen möglichen Auswirkungen. Magma quillt manchmal an verschiedenen Zonen der Insel weit nach oben und tritt an die Oberfläche. Ascheeruptionen des Eyjafjallajökull legten im April 2010 für mehrere Wochen viele Flugverbindungen lahm. Je nach Vulkan kann die Asche fruchtbar oder giftig sein. Inseln werden aus dem Wasser geboren, wenn glühende Lava am Meeresgrund ausbricht. Und eine der angenehmsten Folgen sind allemal verlässlich sprudelnde heiße Quellen – angenehm für winterliche Wellness. Und vor allem lukrativ zur gewerblichen Nutzung im großen Stil. Gewächshäuser mit Obst und Gemüse zum Anbau frischer Vitaminquellen sind in fast allen besiedelten Küstenregionen zu finden. Bevor es technisch möglich wurde, die unterirdisch vorhandene Wärme zu nutzen, bauten Isländer ihre einfachen Häuser aus Torf, mit der Rückseite in einen Hang hinein. Erst 1755 entstand das erste Gebäude aus Stein. Silberfarben glänzende Rohre mit dampfenden Schornsteinen auf unbesiedeltem Hochland zeugen gegenwärtig von geothermischer Nutzung unterirdischen Heißwassers für Heizung und Stromerzeugung.

Entlang der Südküste tobt der Nordatlantik.

Weißes Eis am schwarzen Strand

Vom Parkplatz aus ist noch nicht viel zu sehen. Aber nach einem kurzen Weg auf einen Moränenhügel hält der Betrachter inne. Weiß glänzt das Eisfeld des Jökulsarlon hinter einer jetzt eisbedeckten Lagune von vielen Quadratkilometern Ausdehnung. Die Eisfläche ist nicht eben. Zackige Eisberge, die im Sommer von der Gletscherzunge abbrechen und in Richtung Abfluss zum Meer treiben, sind dazwischen eingefroren. Eingeschlossene Eisbrocken schillern teilweise dunkelblau an den Seiten, von oben sind sie mit Neuschnee bedeckt. Interessant ist der Übergang in den kurzen Fluss hinab zum Strand. Schollen und Brocken lösen sich aus der Fläche. Die Strömung nimmt sie mit zur Küste. Eine wilde Brandung stellt sich ihnen entgegen, wirft sie zurück ins Flussbett. Einige werden vom Meer scheinbar verschluckt, um dann plötzlich mit einer großen Welle auf dem schwarzen, flachen Sandstrand zu landen. Wie skurrile Kunstwerke aus frisch geblasenem Glas liegen sie der Auflösung geweiht weit verstreut am Ufer. Einige sind durchlöchert, andere blitzen im Sonnenlicht wie mit Diamanten bestückt. Draußen brüllt der Nordatlantik. Leider ist die Zeit hier begrenzt. „Nehmt viele Erinnerungen und Fotos von hier mit! Morgen tauchen wir in die Kultur und Geschichte der Hauptstadt ein", meint die Wanderführerin. Aber dazwischen liegen noch fast 400 Kilometer Fahrt über karge Lavafelder, durch Schneeschauer, entlang von Steilküsten mit Blick auf Herden von Islandpferden. Und im Hintergrund stehen Dampfsäulen heißer Quellen. An diesem Abend gibt es eine Überraschung. Es zeigt sich der grüne Schleier eines Nordlichtes unruhig tanzend am nördlichen Horizont.

Kontraste am goldenen Ring

Im Krater brodelt es. Der Blick auf das kochendheiße Wasser ist von einer Dampfwolke verhüllt. Plötzlich zieht sich die Oberfläche zusammen, wird nach unten gesogen, bevor sie sich wie eine Seifenblase hochwölbt, hin und her wabert, um wieder in sich zu versinken. Die Betrachter stehen brav hinter einer Absperrung und verfolgen das Schauspiel geduldig, bis eine Fontäne plötzlich bis 25 Meter in das winterliche Schneetreiben hochschießt. Strokkur ist der meist besuchte Geysir. Er liegt am sogenannten goldenen Dreieck. Thingvellir, Geysire und Wasserfälle können während eines Tages besucht werden. Diese beliebte Exkursion von der Hauptstadt

---

Rainer Hamberger

Im Laufe seiner intensiven Tätigkeit als Autor und Fotograf hat Rainer Hamberger alle Kontinente besucht. Er veröffentlicht in 15 eigenen Büchern wie Bildbänden, Reiseführern und einem Roman sowie in führenden deutschen Zeitungen und Zeitschriften spannende Reportagen, meist aus der Wildnis. Zusammen mit seiner Frau Monika bildet er ein Team im Redaktionsbüro „Erleben durch Reisen". Sie wohnen beide im Allgäu.

aus gibt wenigstens einen ersten Eindruck von der Vielfalt isländischer Naturerscheinungen. Dahinter verbergen sich oft dramatische Geschichten. Wie überall auf der Welt bemühen sich Konzerne auch hier um Ausbeutung natürlicher Resourcen. Kaum woanders kann Strom so günstig erzeugt werden wie auf Island, sei es mit dem kostenlosen Wasserdampf oder durch Aufstauung der wilden Ströme, die das Hochland entwässern. Eine englische Firma wollte 1920 den siebzig Meter hohen Gullfoss zur Elektrizitätsgewinnung aufstauen. Alles schien bereits entschieden, als Sigridur Tomasdottir, die Tochter eines benachbarten Farmers, mit Selbstmord drohte, sollte man das Projekt verwirklichen. Tatsächlich schaffte sie es damit, die Verbauung dieses wilden Tales zu verhindern.

Träge fließt Schmelzwasser über die Eisplatten auf den Weg. Einem Eiertanz gleich wagen sich Wanderer mit ihren bunten Rucksäcken und baumelnden Kameras den Weg entlang zum Seljalandsfoss. Gerade eben brachen noch Sonnenstrahlen durch tief ziehende Wolkenbänke, jetzt frischt der Wind auf, und es beginnt zu graupeln, gemischt mit dicken Schneeflocken. Für einen Februar ganz normal. Es ist schwierig, sich dem Wasserfall zu nähern, da die Böen immer wieder feuchte Schwaden aus den herabstürzenden Massen herausreißen. Die felsigen Ränder auf beiden Seiten sind von dicken Eiskrusten und Zapfen überzogen. Einige Besucher haben Steigeisen angeschnallt und laufen ein Stück hinter das tosende Nass. Fotoapparate werden vorher wasserdicht versteckt.

Beim nächsten Ziel, dem Skogafoss, führt eine Treppe mit fast 400 Stufen auf das Hochplateau. Der Wasserfall liegt jetzt unterhalb einer Aussichtsplattform, aber die Sicht reicht hinunter zu einem in der Nähe betriebenen Heimatkundemuseum. In den Hang gebaute und gut

Ein warmes Badeziel in der winterlichen Wildnis

erhaltene Torfhäuser auf einer Seite und ein modernes Museumsgebäude daneben geben Einblick in den Alltag Islands mit seinen zahlreichen Risiken. Kleine dunkle Zimmer in den Katen, kurze Betten, rußige Öfen, kein fließendes Wasser und immer Mangel an Nahrung und medizinischer Hilfe. Mussten doch die Männer über Jahrhunderte auf dem wilden Meer in Holzbooten Fische fangen. Zu Hause auf kargem Boden weiden Schafe, früher wie heute. Mit über einer Million dieser Tiere sind sie dreimal so zahlreich wie die 330.000 Einwohner des Inselstaates. Weitaus bekannter sind andere Vierbeiner. „Islandpferde sind keine Ponys, sondern eben eine kleinwüchsigere Pferderasse, die bestens an die kargen Lebensbedingungen angepasst ist", erklärt Nora. „Sicher reiten Isländer gerne damit, aber das ist eher Nebensache. Es gehört sich eben auch, viele dieser beliebten Tiere zu besitzen – einfach so!" Neugierig kommen sie mit vibrierenden Nüstern näher, blinzeln zwischen vorn herabfallenden Mähnenhaaren hindurch und haben keinerlei Scheu vor Kameralinsen. Dann wieder ein wilder Drang ohne Anlass. Und sie galoppieren mit fliegenden Mähnen über dünn beschneite Weiden, Fahnen von Schneestaub aufwirbelnd.

ⓘ

ANREISE

Icelandair fliegt von München, Frankfurt, Hamburg und Berlin nonstop ganzjährig nach Reykjavik. Dabei gilt die Hauptstadt als Stopover nach zahlreichen Zielen in Nordamerika, d. h. man kann bis zu 7 Nächte ohne Aufpreis für die Flüge unterbrechen. *www.icelandair.com*

Im Sommer kann mit Spezialfahrzeugen auch das Hochland durchquert werden. Winters beschränken sich die meisten Erkundungen auf Orte entlang der Ringstraße und im goldenen Dreieck. An jedem Tag ist es möglich, die Witterung aller Jahreszeiten zu erleben. Lohnend sind Touren, die eine Begegnung mit Land und Leuten und Wanderungen kombinieren.

UNTERKÜNFTE

In Reykjavik bieten 280 Hotels aller Preiskategorien ihre Dienste an. Es ist die nördlichste Hauptstadt der Welt mit ca. 125.000 Einwohnern bei insgesamt etwa 300.000 Bürgern auf ganz Island. Der sogenannte Flybus fährt von internationalen Flughafen Kevlavik ins Stadtzentrum zu diversen Hotels für einen Preis ab 29 EUR: *www.getyourguide.de/reykjavik-l30/reykjavik-bustransfer-zwischen-flughafen-keflavik-hotels-t55878/*

AUSFLÜGE AB/BIS REYKJAVIK

Von Hotels aus besteht die Möglichkeit zu Tagestouren entlang der wilden Südküste mit Buchten und Wasserfällen ab ca. 75,90 EUR p. P.: *www.getyourguide.de/reykjavik-l30/reykjavik-ganztaegige-tourdurch-den-sueden-islands-t67018*

Oder zur Walbeobachtung ab 81 EUR p. P.: *www.getyourguide.de/reykjavik-l30/3-stuendige-walbeobachtungstour-ab-reykjavik-t41926/*

ANGEBOTE ZU ISLANDREISEN

Wikinger Reisen ist u. a. auf Island spezialisiert und bietet über 20 unterschiedliche Reisen zu allen Jahreszeiten wie z. B. „Auf den Spuren der Wikinger", einer achttägigen geführten Winterreise ab 1795 EUR. Der Verlauf konzentriert sich auf das südwestliche Dreieck mit teils gefrorenen Wasserfällen, Geysiren und wilden Küstenabschnitten: *www.wikinger-reisen.de/wandern/island/5101.php?season=2020*

Wilder ist es bei „Winterabenteuer im Hochland", wo man mit Spezialfahrzeugen durch den Tiefschnee ins Landesinnere fährt, eine Woche ab 2198 EUR: *www.wikinger-reisen.de/wandern/island/5126.php?season=2020*

DKG Journal

Magazin der Deutsch-Kanadischen Gesellschaft e.V.

KANADA UND DIE ARKTIS

BETRACHTUNGEN EINER SENSIBLEN REGION AUS UNTERSCHIEDLICHEN BLICKWINKELN

ARKTISCHE KLIMAVERÄNDERUNG

Rechtliche und geopolitische Herausforderungen

FORSCHUNG, KLIMA, WIRTSCHAFT

Deutsche Interessen in der (kanadischen) Arktis

BEDROHUNG DER KULTURELLEN WURZELN

Die Inuit und der Klimawandel

KANADA UND DER TAUENDE ARKTISCHE OZEAN:

RECHTLICHE UND GEOPOLITISCHE HERAUSFORDERUNGEN

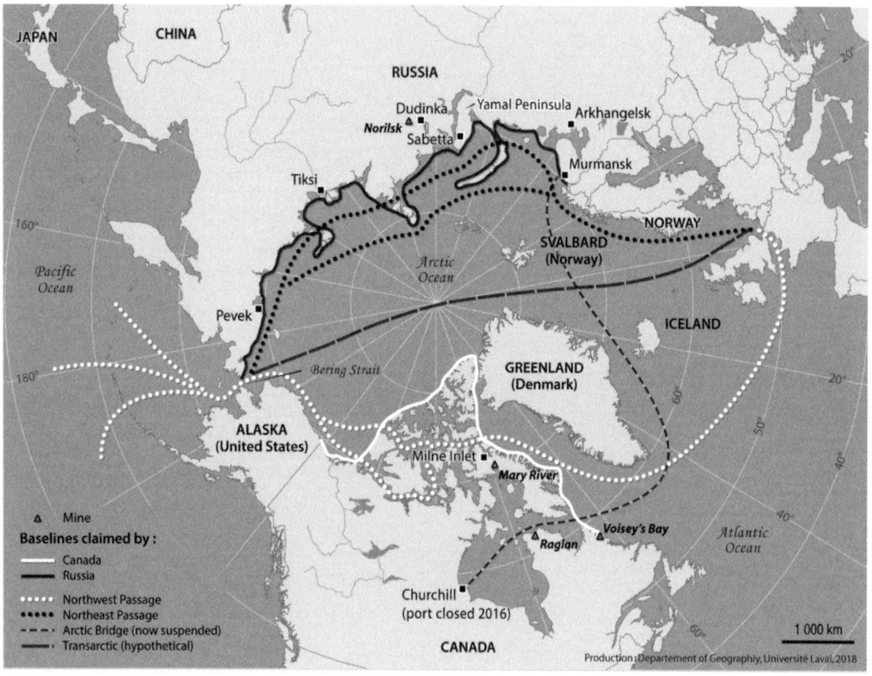

Kanadische und russische Basislinie und potenzielle Seewege in der Arktis

Die Arktis erwärmt sich drastisch, mehr als doppelt so schnell wie der Rest der Welt. Der dramatische Rückgang des Meereises ist eine der sichtbarsten physischen Veränderungen. Die geografischen, sozialen und wirtschaftlichen Bedingungen waren in der Arktis schon immer schwierig. Die Region ist abgelegen, (immer noch) extrem unwirtlich, ökologisch äußerst sensibel und mit wenigen Ausnahmen nur spärlich besiedelt.

Nun aber stehen die Arktisstaaten, darunter Kanada als einer der fünf Anrainer des Arktischen Ozeans, vor zusätzlichen Herausforderungen. Befeuert von geopolitischen Umwälzungen und zunehmenden Begehrlichkeiten auch der nichtarktischen Welt, stellen sich völkerrechtliche Fragen mit zunehmender Dringlichkeit. Wer darf über die Schifffahrt und wer über die Ressourcen bestimmen?

Schon seit Ende der 1960er-Jahre ist umstritten, wer die Schifffahrt durch die Nordwestpassage reglementieren darf. Handelt es sich bei dieser mythischen Verbindung zwischen Atlantik und Pazifik um eine Meerenge? Dann gälte nach Seevölkerrecht die Freiheit der Schifffahrt, und nur internationale Vorschriften zu Schiffssicherheit und Umweltschutz kämen zur Anwendung. Oder ist sie Teil der inneren Gewässer Kanadas? Dann stünde sie unter ausschließlicher kanadischer Hoheitsbefugnis. Von besonderer praktischer Relevanz war diese Frage, solange es keine arktisspezifischen internationalen Schifffahrtsregeln gab. Das hat sich 2017 mit dem Inkrafttreten des International Code for Ships Operating in Polar Waters (kurz Polar Code) geändert; dieser schreibt nun internationale Mindeststandards vor. Kanada unterstützt diese Regeln zwar, allerdings soll kanadisches Recht nach wie vor dort greifen, wo der Polar Code unzureichend ist oder schlicht keine Regelung vorsieht.

Die im Kern recht technische Debatte um Fragen der Schifffahrt wird zuweilen emotional unter dem symbolisch und politisch aufgeladenen Stichwort der kanadischen Souveränität in der Arktis geführt. Letztlich jedoch gehen Kanada und sein wichtigster Gegenspieler, die USA, mit der Meinungsverschiedenheit pragmatisch um – es ist ein *well managed dispute*. Außerdem verzeichnet die Arktisschifffahrt zwar einen Zuwachs, bleibt aber wegen der erheblichen Zwänge und Risiken wohl auch künftig ein

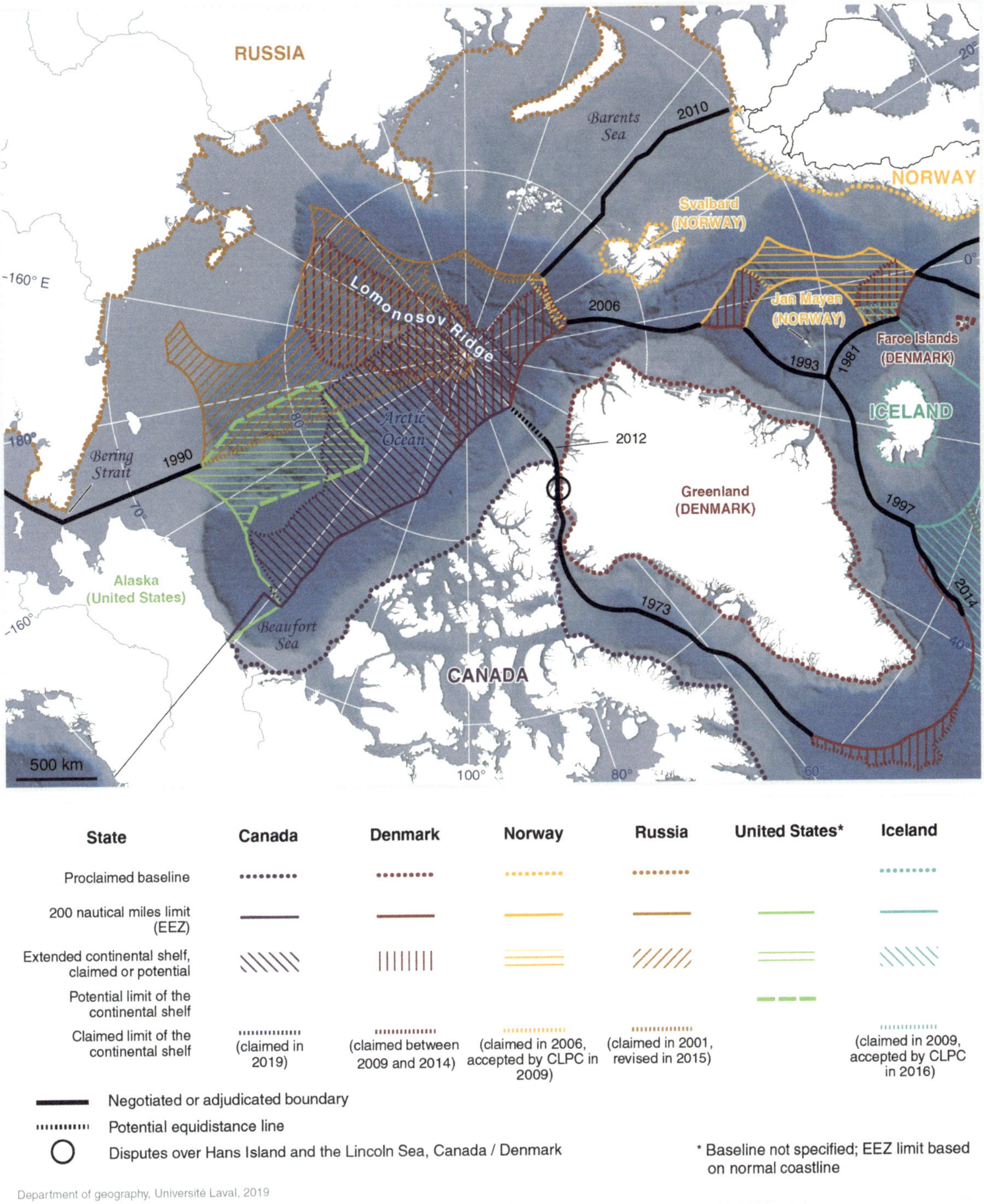

Seegrenzen und Festlandsockelgebiete in der Arktis

Nischensektor, insbesondere in der navigationsunfreundlichen Nordwestpassage. Das Sicherheitsinteresse der Industrie spielt Kanada ebenfalls in die Hände. In der Praxis ist die internationale Schifffahrt also über die internationalen Standards hinaus zusätzlichen kanadischen Regeln unterworfen, ohne dass dies auf nennenswerten Widerstand stieße.

Internationale Aufmerksamkeit erregen auch die arktischen Bodenschätze: Metalle, Diamanten, Öl und Gas, letztere auch im Offshorebereich. Dem Küstenstaat ist der Ressourcenabbau über sein Staatsterritorium hinaus auch auf seinem (unterseeischen) Festlandsockel vorbehalten. Dieser hat nach Seevölkerrecht eine Breite von 200 Seemeilen, bei Nachweis entsprechender geophysikalischer Gegebenheiten auch mehr. Die Küstenstaaten der Arktis sind mit derart erweiterten Festlandsockeln gesegnet. Deren äußere Grenze muss vom Küstenstaat auf wissenschaftlicher Grundlage ermittelt und der internationalen Festlandsockelkommission zur Begutachtung vorgelegt werden. Angesichts der kargen Datenlage zum Arktischen Ozean und der durch Eis und kurze arktische Sommer erschwerten Datenerhebung hat die insoweit vorgesehene, inzwischen gelockerte Zehnjahresfrist unter den arktischen Küstenstaaten eine gewisse Hektik bei der Erforschung des Meeresbodens ausgelöst. Diese wurde vielfach als ein Wettlauf um die Ressourcen missinterpretiert.

Arktische Bodenschätze werden tatsächlich verstärkt ausgebeutet. Da sie sich entweder an Land oder in unmittelbarer Küstennähe befinden, steht das Recht zur Ausbeutung zweifelsfrei allein den Küstenstaaten zu. Der erweiterte Festlandsockel wird nach heutigem Wissen auch in Zukunft kaum wirtschaftliche Relevanz haben. Dennoch hat im Mai 2019 auch Kanada der Festlandsockelkommission die Außengrenze seines Festlandsockels vorgelegt.

Voraussichtlich werden sich die Ansprüche der Arktisanrainer auf ihren jeweiligen Festlandsockel zum Teil überlappen. Solche Grenzfragen sind auf dem Verhandlungsweg zu lösen. Dank einer Abgrenzung des erweiterten Festlandsockels könnte Kanada – zusätzlich zu Grönland/Dänemark und den USA – in Russland einen neuen Grenznachbarn finden. Möglich ist aber auch, dass die Abgrenzungen auf längere Zeit unbestimmt bleiben – und zwar nicht nur aufgrund der Arbeitsüberlastung der Festlandsockelkommission. Denn noch sind längst nicht alle arktischen Seegrenzen gezogen: So überschneiden sich Kanadas Ansprüche in der Beaufort Sea mit jenen der USA und in der Lincoln Sea mit jenen Dänemarks. Da diese Meeresgebiete momentan nur von marginaler wirtschaftlicher Bedeutung sind, erscheint die Klärung solcher Territorialfragen derzeit nicht allzu dringlich.

Trotz der kontroversen Diskussion dieser und einer Reihe anderer Themen sind Völkerrechtsverletzungen in der Region – durch die Arktisstaaten selbst oder auch Nichtarktisstaaten – die (seltene) Ausnahme. Obwohl die Situation in der Arktis angesichts widersprüchlicher Interessen einer zunehmenden Zahl von Akteuren unübersichtlicher und konfliktträchtiger zu werden droht, bleibt die begründete Hoffnung, dass der Interessenausgleich auch künftig auf Grundlage der geltenden Regeln des Völkerrechts zustande kommt.

Kristin Bartenstein ist Professorin für Völkerrecht an der Rechtswissenschaftlichen Fakultät der Université Laval in Québec. Ihr Schwerpunkt liegt auf dem internationalen Seerecht, mit besonderer Berücksichtigung seiner Anwendung auf den arktischen Raum.

Liebe Mitglieder der DKG, liebe Leser des Magazins 360° KANADA travel.CLUB,

Der klimatische Wandel in der Arktis ist nicht nur wegen der Auswirkungen auf unser Klima ein hochaktuelles Thema. Kanada ist als Anrainerstaat von diesen Veränderungen unmittelbar und gravierend betroffen. Daher beleuchten wir in dieser Ausgabe das Leben in der Arktis und die Konsequenzen des schmelzenden Arktiseises aus sehr unterschiedlichen Blickwinkeln. Geostrategische und rechtliche Aspekte werden ebenso adressiert wie die Folgen für das tägliche Leben der Inuit und die neueren Aktivitäten zur Erforschung der klimatischen Prozesse in der Arktis. Auch das traditionell hohe Interesse Deutschlands an der Arktis findet Berücksichtigung

Wir wünschen Ihnen viel Spaß beim Lesen und freuen uns auf Ihr Feedback.

Ihr *Georg Schmitz, DKG-Redaktionsteam*

Meteorologische Station am Kingua Fiord

DEUTSCHLAND UND DIE (KANADISCHE) ARKTIS:

DEN EISBEDECKTEN GEWÄSSERN DES NORDENS ENTGEGEN …

Germania hieß der bescheidene aber eiserprobte Schoner, der am 27. Juni 1882 im Auftrag der Deutschen Polarkommission im Hamburger Hafen die Anker lichtete. Kurs: Cumberland Sound, Baffin Island, Kanada.

Unter abenteuerlichen Bedingungen („ein geschlossener Wall von Packeis verhinderte jedes Eindringen") gelang es Anfang September des Jahres dann tatsächlich, am äußersten Ende dieser unwirtlichen Meeresbucht die Forschungsstation Kingua-Fjord zu errichten: Magnetische und meteorologische Forschung auf der größten Insel des kanadisch-arktischen Archipels, das sollte der deutsche Beitrag zum Internationalen Polarjahr (1882/83) sein.

Initiiert durch den deutschen Marineoffizier, Polarforscher und Geophysiker Carl Weyprecht und maßgeblich organisiert vom Direktor der Deutschen Seewarte Georg von Neumayer, war dies ein in der Forschungsgeschichte beispielloses Großereignis: Zum ersten Mal überhaupt hatten sich zwölf Staaten zu arbeitsteiliger und eng koordinierter Polarforschung zusammengefunden. In der Blütezeit des Nationalismus alles andere als eine Selbstverständlichkeit! Ein Netz (temporärer)

Schoner Germania 1869, zeitgenössische Darstellung, Hauptschiff der zweiten deutschen Arktisexpedition unter britischer Flagge am 2. Oktober 1891, vermutlich als Walfänger in einem Orkan gestrandet

Forschungsstationen lieferte damals eine große Anzahl bis heute wertvoller Daten zu Meeresströmungen sowie der Struktur und Bewegung des Eises. Mit dabei waren damals bereits jene acht Arktisanrainerstaaten (darunter natürlich auch Kanada), die sich 1996 – also gut hundert Jahre später – mit dem Arktischen Rat das heute wichtigste Forum für die multilaterale Governance der Nordpolarregion schaffen sollten. Aber auch Deutschland ist, mit Beobachterstatus, von Anfang an engagiert in die vielfältigen Aktivitäten des Rates eingebunden: von Umweltschutz und Erhalt der Biodiversität über nachhaltige Entwicklung und Gesundheitsschutz bis hin zu sozialen und kulturellen Fragen sowie dem Klimaschutz.

Deutsche Forschungsaktivitäten (auch) in der kanadischen Arktis haben eine lange Tradition: So unternahm bereits 1883 der renommierte Kulturanthropologe Franz Boas ethnologische Feldforschung bei den Inuit auf Baffin Island. Tragisch, nämlich mit dem Tod des Expeditionsleiters Bernhard Hantzsch, endete 1911 der Versuch der Durchquerung dieser auch drei Jahrzehnte später noch wenig erforschten Insel – immerhin ein Gebiet so groß wie Frankreich. Die Flagge Nunavuts, sie weht bis heute vor der Grundschule im sächsischen Kurort Hartha, die den Namen des Ornithologen aus Dresden trägt. Das deutsche Interesse an und Engagement in der Arktisforschung ist bis heute ungebrochen: Die führende Rolle des Alfred-Wegener-Instituts bei der größten Arktisexpedition aller Zeiten (MOSAIC 2019/20: Multidisciplinary drifting Observatory for the Study of Arctic Climate) belegt eindrücklich den hohen Stellenwert, den Polarforschung in Deutschland bis heute genießt. Kein Wunder, dass ein Vertrag der Arktisstaaten zur Verbesserung der wissenschaftlichen Zusammenarbeit von 2017 hierzulande mit großer Zustimmung und Erleichterung aufgenommen worden ist: Auch in Zukunft wird deutsche Spitzenforschung in der Polarregion möglich sein.

Außenminister Heiko Maas im August 2019 im Sirmilik National Park in Pond Inlet

Ungeachtet aller weltpolitischen Spannungen ist die Nordpolarregion seit den 1990er-Jahren durch eine insgesamt stabile, institutionalisierte Kooperation geprägt: Ihre primäre Verantwortung für diesen Raum wird von den Arktisstaaten zunehmend ernst und auch wahrgenommen. Welche Rolle kann und soll ein an der Nordpolarregion zwar in vielfältiger Weise interessierter, geografisch aber doch weit entfernter Nichtarktisstaat wie Deutschland hier legitimerweise überhaupt (noch) spielen? Es ist dies in der Tat eine Gratwanderung zwischen dem Respekt vor souveränen (Vor-)rechten der Arktisstaaten und legitimer Mitarbeit an der Zukunft einer Region, deren auch globale ökologische, wirtschaftliche und geopolitische Bedeutung gar nicht überschätzt werden kann. Und so definieren die neuen, ressortübergreifend erarbeiteten Leitlinien der Bundesregierung vom August 2019 sechs, in dieser Allgemeinheit sicher allseits konsensfähige Schwerpunkte deutscher Arktispolitik:

- Einsatz für einen konsequenten Klima- und Umweltschutz im Einklang mit dem Übereinkommen von Paris.
- Ausweitung der internationalen und regelbasierten Zusammenarbeit in der Arktis und im Arktischen Rat.
- Erhalt der Arktis als konfliktarme Region und sicherheitspolitisches Engagement im Rahmen von EU und NATO.
- Erhalt und Ausbau einer verantwortungsvollen Forschung.
- Nachhaltige Entwicklung der Arktis unter Beachtung des Vorsorge- und Verursacherprinzips.
- Einbeziehung der indigenen Bevölkerung und Wahrung von deren Rechten auf Freiheit, Gesundheit und Selbstbestimmung in ihrem Lebensraum.

Mit diesen Leitlinien unterstreicht die Bundesregierung die zentrale Bedeutung einer ganzheitlichen deutschen Arktispolitik und hebt die gemeinsame Verantwortung aller Akteure für diese sensible Region hervor.

Hinter diesen wohlklingenden Zielen verbergen sich indes durchaus auch handfeste deutsche (Wirtschafts-)Interessen, unter anderem freier Transit für eine der größten Schifffahrtsnationen, Bedeutung arktischer Rohstoffe für den Industriestandort Deutschland, Investitionschancen für eine der führenden Umwelttechnologienationen.

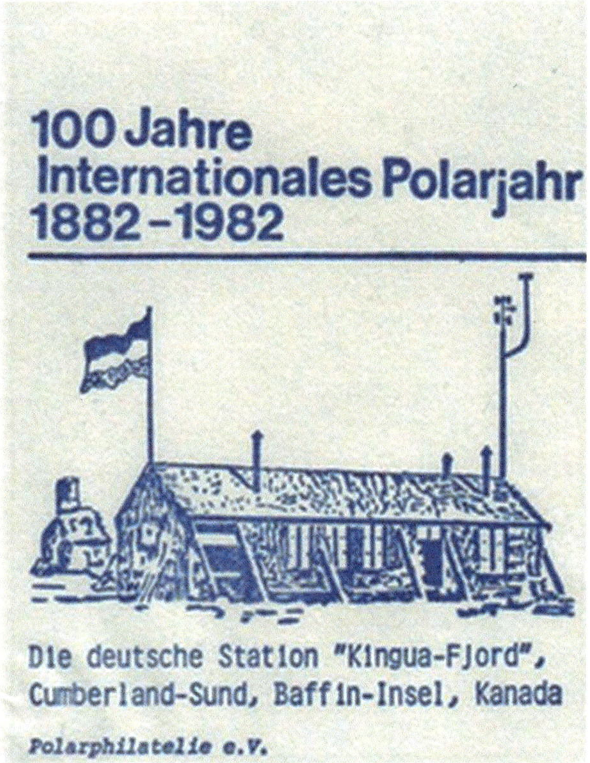

Dieser Erinnerungsstempel taucht auf zahlreichen Abbildungen von Briefen auf.

Die Leitlinien verschweigen dies nicht. Das Bemühen Deutschlands, in konstruktiver Weise „Verantwortung zu übernehmen" für die Arktis, wird dadurch nicht ernsthaft relativiert. In den Worten von Heiko Maas: „Wenn man hier gewesen ist, kann man nur zurückfahren mit der Botschaft: Es ist fünf vor zwölf, wir müssen was dagegen tun." ... Und am besten fängt man zu Hause an: mit einer Klimapolitik, die diesen Namen auch wirklich verdient.

Daniel-Erasmus Khan ist Professor für Internationales Recht an der Universität der Bundeswehr München. Im Jahre 2016 Gastprofessor an der Université Laval/Québec, ist er Land, Provinz, Stadt und Universität seither auch wissenschaftlich eng verbunden geblieben, nicht zuletzt durch ein von der Bayerischen Forschungsallianz gefördertes Projekt zur Arktispolitik.

Rinne vor der Polarstern im Eiscamp

FS POLARSTERN EINGEFROREN IM ARKTISCHEN MEEREIS

BISHER GRÖSSTE ARKTISEXPEDITION ERFOLGREICH UNTERWEGS

Am 20. September 2019 begann eine der größten Arktisexpeditionen unserer Zeit unter dem Namen MOSAiC mit starker deutscher und auch kanadischer Beteiligung. MOSAiC steht für Multidisciplinary drifting Observatory for the Study of Arctic Climate und ist ein internationales Projekt, das vom Alfred-Wegener-Institut, Helmholtz-Zentrum für Polar- und Meeresforschung (AWI) geleitet wird. Von Tromsö (Norwegen) aus brach das Forschungsschiff Polarstern in Richtung Norden auf, feierlich verabschiedet mit Reden von internationalen Politikern und Wissenschaftlern, einer Blaskapelle und einer Lichtshow auf der Polarstern. Bis Oktober 2020 wird die Polarstern, in der Arktis eingefroren, mit dem Meereis über die Polarkalotte driften.

Ziel von MOSAiC ist es, das gekoppelte arktische Klimasystem mit seinen Hauptkomponenten Atmosphäre, Meereis, Ozean, Ökosystem und Bio-Geochemie zu untersuchen. Messungen in der zentralen Arktis sind im Winter und Frühjahr bisher nicht möglich gewesen. Daher herrscht ein Mangel an Beobachtungsdaten, der dazu führt, dass die klimarelevanten Prozesse in der Arktis nicht gut verstanden sind. Der Ansatz von MOSAiC, FS Polarstern in das Meereis einfrieren zu lassen und mit dem Eis zu driften, ermöglicht es erstmalig, die zentrale Arktis im Winter zu erreichen und Messungen durchzuführen Die gesammelten Daten und das daraus erlangte bessere Verständnis über die klimatischen Prozesse in der Arktis können dann in die Wettervorhersage- und Klimamodelle eingebaut werden, sodass diese zuverlässiger werden.

Aufgrund der Größe und Komplexität der Expedition hat die Planung circa acht Jahre gedauert. Zwanzig Länder mit über siebzig Institutionen sind an MOSAiC beteiligt. Die größten wissenschaftlichen Beiträge stammen aus Deutschland, den USA, Großbritannien und Norwegen. Kanada wird von Wissenschaftlern der Universitäten von Calgary, Victoria, Waterloo und Manitoba vertreten und leistet einen wesentlichen Beitrag zur Meereisforschung von MOSAiC. Die kanadischen Wissenschaftler fokussieren sich auf Untersuchungen zur Satellitenfernerkundung der Eisbeschaffenheit. Sie betreiben hierzu drei Mikrowellen-Scatterometer und ein Radiometer, um den Einfluss von mit Schnee und Schmelztümpeln bedecktem Meereis auf unterschiedliche Wellenlängen zu erkunden.

Diese Instrumente sind vergleichbar mit Radarinstrumenten auf Satelliten zur Bestimmung von Eistyp und -dicke. Begleitet werden diese Messungen durch Untersuchungen von Schnee und Meereis direkt am Boden und aus der Luft mithilfe von Helikoptern und unbemannten Fluggeräten. Diese Daten helfen dann, die Reaktion der Mikrowellenstrahlung auf die unterschiedlichen Meereisbedingungen zu interpretieren, sodass die Auswertung der Beobachtungen von Schnee und Meereis aus den Satellitendaten verbessert werden kann.

Für die Umsetzung der gesamten Expedition ist ein enormer logistischer Aufwand erforderlich. Nach Deutschland sind Russland, China und Schweden die größten logistischen Partner. Zu Beginn der Expedition unterstützte der russische Eisbrecher Akademik Fedorov die Expedition und versorgte die Polarstern noch einmal mit Treibstoff. Die Akademik Fedorov half auch bei der Suche nach einer geeigneten Eisscholle für die MOSAiC-Drift, die am 4. Oktober 2019 erfolgreich abgeschlossen wurde. Seitdem liegt die Polarstern im Zielgebiet von circa 85°N und 135°O fest an einer Eisscholle, die für ein Jahr das Zuhause der MOSAiC-Expedition ist.

Der Aufbau des Eiscamps wurde mit dem Ausbringen des logistischen Equipments wie Markierungen, Stromleitungen und Hütten begonnen. Danach folgte – ebenfalls unterstützt von der Akademik Fedorov – das Ausbringen des wissenschaftlichen Equipments wie zum Beispiel des dezentralen Messnetzwerks (autonom arbeitende Instrumente) auf bis zu fünfzig Kilometer von der Polarstern entfernten Eisschollen. Die intensive Aufbauphase wurde erschwert durch den Wettlauf mit der Zeit, aufgrund des täglich rapide schwindenden Lichts hin zur Polarnacht und durch regelmäßige Besuche von Eisbären. Am 24. Oktober konnte mit den kontinuierlichen Messungen begonnen werden. Eine strikte Routine wird aber nicht einkehren, denn die Eisscholle ist weiterhin sehr aktiv, formt Risse und Presseisrücken, die die Wissenschaftler immer wieder vor Herausforderungen stellen. Das Rückgrat des Forschungscamps steht jedoch auf dickerem und festerem Eis und ist bislang ausnehmend stabil.

Mitte Dezember erfolgte die erste Versorgung mit Treibstoff und Lebensmitteln durch den russischen Eisbrecher Kapitan Dranitsyn. Crew und Wissenschaftler wurden ausgetauscht. Die Neuankommenden waren seit Ende November unterwegs, und die Personen, die die Polarstern verließen, erreichten Anfang Januar wieder festen Boden unter den Füßen. Insgesamt sind fünf Eisbrecher, zwei Forschungsflugzeuge, zwei Antonov-Flugzeuge und Helikopter an der Expedition beteiligt. Bis zum Ende der Expedition wird es alle zwei bis drei Monate Versorgungsfahrten mit Eisbrechern oder Versorgungsflüge geben; zwischen Februar und Juni ist ein Vorstoß eines Partnereisbrechers zur Polarstern aufgrund der Eisbedingungen nicht möglich. Die Versorgungsflüge im April werden mithilfe von Antonov-Flugzeugen durchgeführt. Dazu wird eine Landebahn auf der Eisscholle errichtet, ein weiterer logistischer Knackpunkt dieser Expedition, die insgesamt circa 390 Tage dauert und bei der eine Strecke von etwa 2500 Kilometern zurückgelegt wird.

MOSAiC endet im Oktober 2020 in Bremerhaven (Deutschland) und liefert Messdaten, die noch weit über die nächste Dekade hinaus Erkenntnisse über das arktische Klimasystem liefern werden.

Dr. Anja Sommerfeld ist studierte Meteorologin und hat am Alfred-Wegener-Institut, Helmholtz-Zentrum für Polar- und Meeresforschung in Deutschland zum Thema Klimaphysik promoviert.

Prof. Dr. Markus Rex ist Leiter der Sektion Physik der Atmosphäre am Alfred-Wegener-Institut, Helmholtz-Zentrum für Polar- und Meeresforschung in Deutschland und Professor für Physik der Atmosphäre an der Universität Potsdam.

Aufbruch zum winterlichen Fischen am Fish Lake

INUIT ZWISCHEN ANPASSUNG UND KULTURVERLUST:

DER KLIMAWANDEL UND DIE HERAUSFORDERUNG DER KULTURELLEN NACHHALTIGKEIT IN DER ARKTIS

Der Klimawandel erregt nicht zuletzt durch das freitägliche Aufbegehren von Schülerinnen und Schülern weltweit die Gemüter in Gesellschaft und Politik. In den vielen Diskussionen um Forschungsberichte, Prognosen und Konsequenzen wird jedoch häufig die Frage nach den kulturellen Implikationen vernachlässigt.

Welche Auswirkungen hat der Klimawandel auf lange tradierte menschliche Lebensformen? Diese Frage ist besonders virulent in den arktischen Regionen der Erde, denn die Kultur der Inuit steht auf immer dünnerem Eis. Erschwerend kommt hinzu, dass die Inuit, ebenso wie alle anderen indigenen Völker Kanadas, nach wie vor unter den gravierenden Folgen des kulturellen Genozids durch die kolonialistische Assimilationspolitik leiden (vgl. Bericht der Truth and Reconciliation Commission 2015). Gewissermaßen kommt durch den Klimawandel zum wiederholten Mal eine gewaltige Erschütterung auf das kulturelle Selbstverständnis der Inuit zu, das ohnehin – ähnlich wie die Pfahlbauten im schmelzenden Permafrost – auf äußerst wackeligem Grund steht.

Diese prekäre Situation zeigt sich (sicherlich nicht erschöpfend) an folgenden Phänomenen: Die Tatsache, dass sich Schnee- und Eisbedingungen rapide verändern, führt dazu, dass traditionelle Praktiken der Fortbewegung immer mehr ins Hintertreffen geraten und moderne Techniken das überlieferte Wissen (Inuit geosophy) ablösen. Damit erodiert das Selbstbewusstsein der Inuit als erfolgreiche Jäger in unwirtlicher Gegend. Es verschwinden viele der Inuktitut-Worte für Schnee und überlieferte Ortsnamen, die sich an natürlichen Gegebenheiten festmachen. Beides war seit jeher grundlegend für die

Sicherheit und Orientierung, die die Lebenskünstler nun nicht nur in Bezug auf ihre natürliche Umgebung verlieren, sondern auch hinsichtlich ihrer personalen und kollektiven Identität. Eine große Sprachlosigkeit macht sich breit, denn das Leben der Inuit ist auf allen Ebenen ihrer Existenz mit der natürlichen Umgebung verknüpft. Viele fühlen sich verloren zwischen dem Nicht-mehr und dem Noch-nicht.

Dabei vollzieht sich ein kultureller Wandel, der zu Konflikten zwischen den Generationen führt: Während sich die Älteren bemühen, indigenes Wissen und traditionelle Praktiken zu konservieren, rüsten sich die Jüngeren, um in einem modernen Kanada Fuß zu fassen und etwas vom Kuchen der immer leichter zugänglichen arktischen Ressourcen abzubekommen. Aber auch innerhalb der jüngeren Generation ist das Konfliktpotenzial zwischen denjenigen, die mit der bekannten Klimaaktivistin Sheila Watt-Clautier für ihr „Recht zu frieren" eintreten (vgl. Watt-Clautier: The Right To Be Cold), und denen, die sich für den Bau von Pipelines und der weiteren Exploration der Arktis stark machen, groß. Es liegt auf der Hand, dass der intrakulturelle Zusammenhalt in Gefahr steht, wenn die Inuit selbst nicht mit einer Stimme sprechen – vor allem auch, um für ihre Rechte einzutreten. Dies wird zukünftig aber immer wichtiger werden, wenn die Begehrlichkeiten an den reichen Bodenschätzen wachsen und die Seewege passierbarer werden. Dabei wächst die Gefahr der Verschmutzung von Wasserwegen durch Öl und andere Schadstoffe.

Der Klimawandel bedroht die Nahrungssicherheit und die Gesundheit der Inuit – auch das nicht nur in einer naturwissenschaftlichen, sondern vor allem in einer kulturellen Dimension. Viele Menschen leben nach wie vor auch von der Jagd, die angesichts längerer Wärmeperioden, einer Veränderung des gesamten Ökosystems und der Bewegungsmuster zahlreicher Tiere, immer unberechenbarer wird. Das soziale Miteinander der Inuit dreht sich um die Organisation der Nahrungsbeschaffung, -verarbeitung und -verteilung. Es bricht weg, wenn die Menschen mit modernen Nahrungsmitteln versorgt werden – dann haben sie zwar vielleicht, was sie zum Überleben brauchen, hungern aber weiterhin nach einer sinnvollen Aufgabe als Beitrag für die Gemeinschaft. Vereinsamung, Langeweile und eine abgründige Sinnlosigkeit sind die Folge. Viele Inuit leiden an Fettleibigkeit und Diabetes, weil die körperliche Ertüchtigung der Jagd abnimmt, dafür aber der Konsum von sogenanntem Junkfood (Chips, Süßigkeiten, zuckerhaltige Getränke) zunimmt. In Sibirien ist es durch die Abnahme des Permafrostes zu einem gefährlichen Ausbruch des Milzbrands gekommen, denn der aufgetaute Boden gab die Überreste eines 75 Jahre alten Rentiers frei, das mit der Krankheit befallen war. Mehr als 2000 lebende Tiere wurden infiziert und zahlreiche indigene Familien mussten aus den betroffenen Gebieten ausgeflogen werden, ein Kind starb.

Moderne Welt in der Inuit-Siedlung Ulukhaktok

Clifford Geertz beschreibt Kultur als ein „selbstgesponnenes Bedeutungsgewebe". Ohne den Halt sinnstiftender Symbole, wie Sprache, Rituale oder traditionelle Praktiken stürzen Menschen in ein „existenzielles Vakuum" (Viktor Frankl). Die hohe Selbstmordrate, vor allem unter jugendlichen Inuit, die Gewalt in Familien und der Alkoholismus sind traurige Symptome einer großen Orientierungslosigkeit. Dennoch sind Inuit immer auch Meister der Anpassung gewesen. Die entscheidende Frage wird sein, wieviel Anpassung die Inuit leisten können, ohne ihre kulturelle Basis zu verlieren. Sicher ist, dass wir alle ein großes Interesse an der Nachhaltigkeit der Kultur der Inuit haben sollten, denn sie verfügen nach wie vor über ein traditionelles Wissen und Können, das für uns alle noch von enormer Bedeutung sein wird, um dem Klimawandel und dessen Folgen mit geeinten Kräften begegnen zu können.

Barbara Schellhammer ist Professorin für Intercultural Social Transformation an der Hochschule für Philosophie München. Sie lebte und arbeitete viele Jahre in Kanada.

VERBINDUNG ZUM WELTALL:

DIE SATELLITENSTATION DES DLR IM NORDEN KANADAS

Die Satellitenbodenstation des Deutschen Zentrums für Luft- und Raumfahrt, ausgestattet mit einem Werk des Künstlers Ronnie Simon (Gwichin).

Hunderte Satelliten beobachten die Erde aus dem Weltraum. Ihre Messungen und Bilddaten geben den Zustand der Erdoberfläche, des Eises und der Vegetation, den Zustand der Ozeane und Meere und der Atmosphäre wieder. Die Daten helfen aber auch, Krisen und Naturkatastrophen besser zu verstehen und zu bewältigen. Satelliten sind heute unverzichtbar für die Erforschung des Systems Erde und zur Überwachung internationaler Maßnahmen gegen den Klimawandel.

Seit dem Jahr 2009 betreibt das Deutsche Zentrum für Luft- und Raumfahrt (DLR) gemeinsam mit dem Canada Centre for Mapping and Earth Observation (CCMEO; Kanadisches Zentrum für Kartierung und Erdbeobachtung) und der Swedish Space Corporation (SSC) in Inuvik in den Northwest Territories eine Satellitenbeobachtungsstation. Warum fiel die Wahl des Standortes ausgerechnet auf diesen Punkt am Rande der kanadischen Arktis? Und was wird hier genau beobachtet?

Regionen nahe den Polen sind ideale Standorte für Satellitenempfangsstationen. Erdbeobachtungssatelliten sind in einem niedrigen Orbit polarumlaufend und immer nur kurz über dem Horizont sichtbar. So bleiben nur wenige Minuten, um ihnen neue Kommandos zu übertragen oder Daten herunterzuladen. Dann verschwinden sie wieder hinter dem Horizont. So können etliche Stunden oder Tage bis zur nächsten Kontaktaufnahme vergehen. Nicht so jedoch an den Polen. Die meisten Erdbeobachtungssatelliten überfliegen in einer Höhe zwischen 350 und 800 Kilometern circa alle 45 Minuten abwechselnd Nordpol und Südpol. An den Polen treffen sich diese Orbits. Hier tauchen die Satelliten bei jedem Orbit über dem Horizont auf und können von Bodenstationen erfasst werden.

Für die Wahl des Standortes Inuvik spielte die deutsche Radarmission TanDEM-X den Geburtshelfer. TanDEM-X hatte zum Ziel, die Erde dreidimensional hochgenau zu kartieren. Zwei fast baugleiche

Satelliten umfliegen die Erde in einem zuvor noch nie gewagten Orbit nur wenige hundert Meter voneinander entfernt und erfassen die Erde im interferometrischen Stereoblick, dem Radarpendant zum optischen 3D-Sehen. Für diese besonders daten- und steuerungsintensive Mission benötigte das DLR neben den vorhandenen europäischen und Pol-nahen Stationen im Norden Europas eine weitere Empfangsstation im Norden Kanadas.

Auch die Partnerorganisationen des DLR in Kanada, die Canadian Space Agency (CSA; Kanadische Raumfahrtagentur) und das Canada Centre for Mapping and Earth Observation (CCMEO) hatten Interesse an Empfangsstationen im kanadischen Norden. Gemeinsam mit unserem europäischen Partner, der Swedish Space Corporation (SSC), machten wir uns daher auf die Suche nach einem geeigneten Standort und wurden in Inuvik in den Northwest Territories fündig.

Inuvik bietet den besten Kompromiss für einen Standort, der so weit wie möglich im Norden liegt und gleichzeitig die Voraussetzungen für eine stabile Logistik bietet. Die Stadt wurde 1958 als Zentrum im Norden der Northwest Territories gegründet. Sie ist über den Dempster Highway per Straße und über regionale Fluglinien ganzjährig erreichbar. Auch und gerade für Forschung und Entwicklung ist Inuvik ein sehr guter Standort. So dient zum Beispiel das Aurora Research Institute vor Ort der DLR und internationalen Forschergruppen als Anlaufstelle für die Erdsystemforschung in der kanadischen Tundra.

Als wir 2007 die ersten Kontakte vor Ort hatten, wurden wir warmherzig empfangen. Insbesondere von Tom Zubko, Ex-Bürgermeister und Sohn einer der ersten Explorer und ice pilots, nach dem auch der Flughafen von Inuvik benannt ist. Im tiefsten kanadischen Winter erkundeten wir mit Motorschlitten und Helikoptern geeignete Standorte für unsere Antennen.

Nach Abstimmung mit den kanadischen staatlichen Partnern in Ottawa wurden die ersten beiden Antennen im Jahr 2009 mit Unterstützung durch CCMEO, auf einem staatlichen Gelände in der Nähe des Flughafens errichtet. CCMEO übernahm dabei den logistischen Ausbau der Inuvik Satellite Station Facility (ISSF) und stellte in den Folgejahren auch eigene Antennensysteme für kanadische Erdbeobachtungsmissionen auf. Seit 2017 beschleunigt eine Glasfaserverbindung die Übermittlung der empfangenen Daten in alle Welt erheblich. Dieses Glasfaserkabel, Mackenzie Fibre Link genannt, durchquert 1154 Kilometer kanadischer Tundra. Getrieben wurde die Einrichtung dieser Verbindung durch den Bedarf der Bevölkerung von Inuvik, zum Beispiel für Ausbildung und Telemedizin. In Kombination mit den Anforderungen der neuen Satellitenempfangsstationen konnte die Regionalregierung in Yellowknife die Pläne schließlich realisieren. Der ehemalige Direktor des CCMEO, Stuart Salter, stand beratend und unterstützend zur Seite. Heute stehen sechs Antennensysteme auf der ISSF. Mit der Antenne des DLR haben wir mittlerweile circa 30.000 Satellitenpassagen der TanDEM-X-Mission aufgezeichnet. Seit 2018 empfangen wir darüber hinaus Daten für das europäische Erdbeobachtungsprogramm Copernicus über den Satelliten Sentinel -5P.

Initiiert über eine deutsch-kanadische Kooperation und getragen durch die Unterstützung und die Investitionen unserer kanadischen Partner hat sich Inuvik als idealer Standort für internationale Satellitenmissionen etabliert. Von Anfang an wurden gemeinsam mit dem Partner CCMEO die Repräsentanten der indigenen Bevölkerung in den Aufbau der gesamten Station mit einbezogen. Als äußeres Zeichen dieser Verbundenheit wurden die großen, üblicherweise nur weißen, Flächen der Antennenreflektoren im gemeinsamen, sogenannten Art Antenna Project mit Bildern von regionalen Künstlern ausgestattet. Die Kunstwerke symbolisieren bedeutende Aspekte der traditionellen Lebensweise der jeweiligen Bevölkerungsgruppe. Die Station in Inuvik stellt ein zukunftweisendes Beispiel europäisch-kanadischer Kooperation in der Erdbeobachtungstechnologie unter Einbindung der indigenen lokalen Bevölkerung dar.

Dr. rer nat. Erhard Diedrich leitet die Abteilung Internationales Bodensegment des Deutschen Fernerkundungsdatenzentrums im Deutschen Zentrum für Luft und Raumfahrt (DLR).

Dipl.-Geophys. Gunter Schreier ist stellvertretender Direktor des Deutschen Fernerkundungsdatenzentrums im Deutschen Zentrum für Luft und Raumfahrt (DLR) in Oberpfaffenhofen bei München.

Sonnenuntergang in Iqaluit

WORK AND TRAVEL IN DER ARKTIS

SEIT 2011 VERMITTELT DIE DKG DEUTSCHE STUDIERENDE NACH IQALUIT

(gs) Iqaluit, die Hauptstadt des Territoriums Nunavut, liegt circa drei Flugstunden nördlich von Ottawa in der Frobisher Bay auf der südlichen Baffin Island im Nordpolarmeer. In den Wintermonaten erreichen die durchschnittlichen Tageshöchsttemperaturen kaum mehr als minus 25 Grad Celsius, nachts sinken die Temperaturen bis auf minus 40 Grad Celsius, den Windchill-Effekt nicht eingerechnet. Der Ort entwickelte sich aus einem Luftwaffenstützpunkt im Zweiten Weltkrieg. Dementsprechend ist der Flughafen sehr gut ausgebaut und dient im Winter als einziges Tor zur Außenwelt. Straßenverbindungen gibt es nicht. Im Winter ist der Seeweg nicht passierbar. Die nächste menschliche Siedlung liegt mehrere hundert Kilometer entfernt.

In diesen entlegenen Ort in der arktischen Wildnis vermittelt die DKG im Rahmen ihres Work-and-Travel-Programms seit acht Jahren summer jobs im Fobisher Inn. „Iqaluit ist unter den Teilnehmern recht beliebt", weiß Gisela von Wissel, die alle Teilnehmer an diesem Programm der DKG seit Jahren betreut. Elf junge Leute haben mit ihrer Unterstützung im Frobisher Inn einen Arbeitsplatz für einige Wochen, in einigen Fällen sogar für mehrere Monate gefunden. Das Frobisher Inn bietet jeglichen Komfort der Zivilisation, die Bezahlung ist gut, die Kollegen sind freundlich. Zudem gibt es gegen einen geringen Obolus, Unterkunft und zwei Mahlzeiten am Tag. Die jungen Leute arbeiten im housekeeping, im Restaurant oder an der Bar. Abwechslung gibt es im Frobisher Inn genug, da hier immer wieder internationale Events und auch hochrangige politische Konferenzen stattfinden, die vorbereitet werden müssen. Selbst die Premiers Stephen Harper und Justin Trudeau waren schon Gäste hier.

Doch es ist nicht die gute Bezahlung, der Komfort oder der gelegentliche Kontakt mit Berühmtheiten, die die Studierenden anziehen. Es ist das Eintauchen in diese einzigartige Kultur und Natur. Micha Gunkel hat während seines Aufenthalts 2018 Kontakte geknüpft zu einer Inuit-Künstlerin. Dadurch hat er viele andere Inuit kennengelernt und Einblicke in die Kultur der Inuit wie zum Beispiel das klassische throat singing, die Inuit-Malerei und die Geschichte der Inuit bekommen. Er hat sogar einige Worte Inuktikut gelernt. Dabei sind ihm auch die Probleme der jungen Inuit nicht verborgen geblieben. „Viele hängen

Micha Gunkel an seinem Arbeitsplatz an der Kaffebar im Frobisher Inn

zwischen zwei Kulturen – der modernen westlichen, kanadischen Welt und der traditionellen Inuit-Kultur – und wissen nicht, wo sie wirklich hingehören", berichtet Micha.

Auch die Natur fasziniert die jungen Leute, obwohl weite Ausflüge ins Umland kaum möglich sind. Dazu fehlt es an der Infrastruktur. Die Temperaturen laden auch nicht zu ausgedehnten Ausflügen ein. Spaziergänge im nahe gelegenen Sylvia Grinnell Territorial Park und entlang der Seen und der Küste vermitteln aber einen sehr prägenden Eindruck der unberührten Landschaft. Josefine Lecke, die in diesem Herbst und Winter vor Ort war, vermisste zwar Bäume, Sträucher und Grünflächen wie in Deutschland, war aber tief beeindruckt von den atemberaubenden Farben des Horizonts beim Sonnenuntergang oder auch von der Schönheit, die ineinandergeschobene Meereisblöcke ausstrahlen können! Insgesamt berichten alle Teilnehmer von einer unglaublichen Atmosphäre in der Natur, die nur hier erlebbar ist.

Den Klimawandel erleben die Teilnehmer des Work-and-Travel-Programms nicht unmittelbar, obwohl sie bei Gesprächen mit Einheimischen immer wieder hören, dass das Wintereis deutlich später kommt als in früheren Jahren. Josefine Lecke hat sich hierzu ihre eigenen Gedanken gemacht „Was würde passieren, wenn es immer wärmer wird? Vermutlich würde es Überschwemmungen geben und viele Inuit ihre Heimat verlieren. Es würde aufgrund der weiten Distanzen sehr lange dauern und sehr teuer werden, alles wiederaufzubauen. Außerdem würde durch das Wegbleiben der Robben und Seehunde eine wichtige Ressource fehlen. Nicht nur das Fleisch, von dem sich die Inuit ernähren, sondern auch die Haut, das Fell und die Zähne als Werkzeug würden verloren gehen."

Das Leben in der Stadt empfinden die Teilnehmer am Work-and-Travel-Programm durchaus als einzigartige, lehrreiche, wenn auch nicht immer positive Erfahrung. Die Stadt hat nur 8000 Einwohner; jeder kennt jeden – man hilft sich gegenseitig. Neuankömmlinge werden zunächst kritisch beäugt. Ist diese Prüfung bestanden, ist man sehr freundlich und hilfsbereit. Dennoch ist nicht zu übersehen, dass die Arbeitslosigkeit hoch und die Armut weit verbreitet ist. Gerade in den Wintermonaten, wenn es lange dunkel und sehr kalt ist, greifen viele Menschen zum Alkohol und werden dann teilweise auch gewalttätig. „Alkoholismus, Depressionen und Suizid sind daher hier keine Seltenheit", berichtet Josefine Lecke.

Die Rahmenbedingungen im entlegenen Iqaluit sind also ungewohnt, klimatisch unwirtlich und teilweise herausfordernd. Dennoch betrachten die meisten der Teilnehmer die Entscheidung dorthin zu gehen, als eine der besten Entscheidungen ihres Lebens, um – wie es Josefine Lecke formuliert – „neue Kulturen und Traditionen kennenzulernen, und zu erfahren, dass man auch mit wenig Möglichkeiten und Ressourcen ein glückliches Leben führen kann.

Josefine Lecke mit Kollegen

NORBERT STROHSCHEN

EIN GRAND SEIGNEUR IST VON UNS GEGANGEN

Wer ihn kannte, muss sich nur sein Bild ins Gedächtnis zu rufen, um zu beschreiben, was einen guten Präsidenten ausmacht. Vom gepflegten Scheitel bis zur polierten Sohle entsprach Norbert Strohschen schon optisch den Vorstellungen von einem Präsidenten.

Der rheinische Humor und der rheinische Tonfall, jenes leichte Schwingen der Stimme bildeten einen fesselnden Kontrast zur hanseatischen Erscheinung. Fließend in drei Sprachen, traf er stets den richtigen, verständigen, versöhnlichen Ton, mit dem er Menschen zusammenbrachte. Beruflich war der studierte Jurist ein Mann des Versicherungskonzerns Gerling in Kanada, Australien, Frankreich und schließlich im Kölner Vorstand. Jeder hätte sich vorstellen können, für ihn arbeiten zu dürfen. Die Fähigkeiten, Menschen zusammenzubringen und für gemeinsame Projekte zu gewinnen, überzeugten dann auch die Verantwortlichen der Deutsch-Britischen Handelskammer und der Deutsch-Kanadischen Gesellschaft, ihm jeweils das Amt des Präsidenten anzubieten. Von 2001 bis 2016 begrüßte Norbert Strohschen alle Gäste am Kanadischen Wochenende, baute Brücken zwischen Deutschen und Kanadiern, warb für Verständigung, wo es not tat, und schlichtete, wo dies erforderlich war. Er war pragmatisch, kritisch und hakte bei Ungereimtheiten nach, blieb aber immer verbindlich, konstruktiv und zukunftsorientiert. Das internationale Parkett war sein Terrain. Wirtschaftsführern, hohen Diplomaten und Politkern begegnete er auf Augenhöhe. Dabei wirkte er nie teutonisch deutsch, sondern charmant und zuvorkommend.

Am 4. November 2019 ist Norbert Strohschen nach langer Krankheit im Alter von nur 72 Jahren gestorben. Vermutlich wird er anderswo dringend gebraucht. Er sitzt hoffentlich neben Leonard Cohen an der Tafel und genießt als souveräner Gastgeber wie auf Erden himmlische Genüsse, insbesondere den von ihm so geliebten französischen Wein. Er hat es sich verdient. Für uns wird er Vorbild bleiben, nicht nur dafür, wie man das Amt eines Präsidenten ausfüllt. Norbert Strohschen hat Maßstäbe gesetzt. Er wird uns immer in lebhafter Erinnerung bleiben.

Stefan Rizor ist seit Juli 2016 Vorstandsvorsitzender der DKG. Er ist Seniorpartner der deutschen Büros von Osborne Clarke und spezialisiert auf grenzüberschreitende Rechtsstreitigkeiten sowie die Beratung zu immobilienrechtlichen Fragen.

Prof. Wolfgang Klooß (links) mit Prof. Laurie Ricou von der University of British Columbia unmittelbar nach der Ehrung

KANADA EHRT DKG-PRÄSIDIUMSMITGLIED WOLFGANG KLOOß MIT DER HÖCHSTEN KANADISCHEN WISSENSCHAFTS-AUSZEICHNUNG

Anlässlich seiner Wahl zum Distinguished International Fellow der Royal Society of Canada hat Prof. Dr. Wolfgang Klooß am 5. Dezember 2019 im Palais Walderdorff einen öffentlichen Vortrag mit dem Titel „The Canadian West in an Era of Crisis (1919-1935)" gehalten: Arbeit, Klasse, Politik und Rhetorik in der Geschichtsschreibung und Präriefik (die Lehre von und über die Prärie). Ich durfte an dieser Veranstaltung ebenso teilnehmen wie am anschließenden gemeinsamen Abendessen in Trier. Es ist mir eine besondere Freude und ein großes Bedürfnis, darüber kurz zu berichten und meinen Freund Wolfgang Klooß auch in unserer Publikation zu ehren.

Im Namen von Präsidium und Vorstand sowie der gesamten DKG gratulieren wir unserem Präsidiumsmitglied Wolfgang Klooß zu dieser hochkarätigen Auszeichnung. Die Royal Society of Canada würdigt wissenschaftliche Exzellenz und intellektuelle Führung zum Wohle Kanadas und der Welt. Der Präsident der Royal Society of Canada Chad Gaffield betonte in seiner Laudatio, dass „Kanada und die Welt vor vielen Herausforderungen und Chancen stehen, von denen viele zutiefst komplex und verflochten seien. Wir brauchen das Engagement aller und insbesondere der talentierten und kreativen Köpfe der Royal Society of Canada, um zusammenzuarbeiten, voranzukommen und Lösungen für die Zukunft zu finden." Die DKG ist stolz darauf, dass Wolfgang Klooß' wissenschaftliche Arbeit und seine Beiträge zur Kanadistik als Beitrag zu diesem Mandat der RSC anerkannt wurden. Er ist der erste deutsche Wissenschaftler, der mit dieser höchsten kanadischen Wissenschaftsauszeichnung geehrt wurde.

Und das kommt nicht von ungefähr, wie wir in der DKG wissen; denn Wolfgang Klooß ist nicht nur herausragender Wissenschaftler und Aushängeschild der Kanadisitik, er ist zudem ein großer Freund Kanadas und der Kandier. Wie ich an anderer Stelle anlässlich der Auszeichnung auf der letztjährigen Jahrestagung der DKG im schönen Lahr schon ausführen durfte, hat Wolfgang Klooß zahlreiche enge und langjährige Freunde in Kanada gefunden, die seine Arbeit und sein Verhältnis zu Kanada maßgeblich geprägt haben.

An dieser Stelle erneut auf seinen beruflichen Werdegang in Bezug auf Kanada einzugehen, würde den Rahmen sprengen. Mit Blick auf unsere jüngeren Mitglieder sei jedoch noch einmal besonders hervorgehoben, dass Wolfgang Klooß zusätzlich zu seinen eigenen Veröffentlichungen zahlreiche abgeschlossene Examens- und Doktorarbeiten zu Themen aus seinen Bereichen betreut hat. Für ‚seine' Studierenden und Doktoranden hat sich Wolfgang Klooß ebenso intensiv und nachhaltig eingesetzt - und tut dies noch – wie für die DKG, die GKS und seine Alma Mater.

Wir gratulieren nochmals herzlich und freuen uns auf viele weitere Begegnungen mit unserem neuen Mitglied der Royal Society of Canada.

Michael Siebold ist Präsident der DKG und Seniorpartner der Anwaltskanzlei Arnecke Sibeth Dabelstein.

BERICHT AUS DEN REGIONEN UND INTERNES

MICHAEL NUSSBAUM: 50 JAHRE IM DIENST DER DKG

Als einer der ersten Deutschen nahm Michael Nussbaum 1969 am Werkstudierendenprogramm der Deutsch-Kanadischen Gesellschaft teil. Viele hatten sich beworben, nur wenige wurden ausgewählt. Die Entscheidung der Prüfer, Michael Nussbaum als studentischen Botschafter Deutschlands nach Kanada zu schicken, war goldrichtig. Er blieb Kanada und der DKG seit nunmehr fünfzig Jahren treu. Michael Nussbaum und seine Frau Ingeborg bilden ein großartiges Tandem. Beide engagieren sich ununterbrochen für die DKG, begrüßten in ihrem privaten Heim in Vancouver viele Generationen von Studierenden und sprechen beständig neue Arbeitgeber an. Bis heute pflegen sie die Kontakte der DKG zum deutschen Generalkonsulat in Vancouver. In Hamburg sorgten sie für eine enge Verbindung mit dem (leider vor einigen Jahren geschlossenen) Generalkonsulat und für viele hochkarätige Veranstaltungen, darunter das Kanadische Wochenende 2003. Als langjähriges, sehr aktives Mitglied des Präsidiums und Vizepräsident der DKG entwarf Michael Nussbaum mit großem Engagement die Kriterien und Regeln für die Auswahl der Ehrenpreisträger des Präsidiums der DKG. Über seine Zusage, weitere drei Jahre für das Amt des Vizepräsidenten der DKG zur Verfügung zu stehen, freuen wir uns sehr. Am 22. Dezember 2019 feierte er seinen 75. Geburtstag. Wir wünschen ihm, dass ihm noch viele glückliche Jahre bei bester Gesundheit im Kreise seiner Familie und auch im Kreis der DKG beschieden sein mögen.

Die **Regionalgruppen Bremen und Bergisches Land** setzten ihre Stammtischtradition fort. Die Bremer treffen sich jeden vierten Sonntag im Monat (Kontakt: Thomas Buttenhoff, *bremen@dkg-online.de*) und die Remscheider an jedem dritten Dienstag im Quartal (Kontakt: Arthur Herzog, *info@canada-partner.net*). In den Regionalgruppen Aachen (*aachen@dkg-online.de*) und Dresden (Kontakt: Karin Bey, *contact@sprachendienst-bey.de*) gab der kanadische Musiker Morgan Finlay Konzerte. Weitere Veranstaltungen sind auch hier geplant.

Die **Regionalgruppe Rheinland** besuchte gemeinsam mit Regisseurin Mirjam Leutze Anfang September 2019 den deutsch-kanadischen Dokumentarfilm „The Whale and the Raven." Das Pre-Xmas Dinner fand am 30. November 2019 im Restaurant Löwen in Bonn/Bad Godesberg statt. Dabei ließ ein Christmas Quiz zu Weihnachtsbräuchen und -traditionen die Köpfe qualmen. Lisa Heuser berichtete mitreißend und humorvoll über ihren Work-and-Travel-Aufenthalt in Kanada 2018 mit der DKG. In der Nacht vom 9. auf den 10. Februar 2019 luden die DKG und das Amerikahaus e. V. NRW wieder zur Verleihung der Academy Awards (Oscarverleihung) bei Snacks und Getränken in ein Kölner Kino ein.

In der **Regionalgruppe Rhein-Main** organisierte Danielle Neuhaus gleich vier hinreißende Hauskonzerte mit kanadischen Musikern in ihrem Haus in Idstein. Im September war Chris Ladd aus Winnipeg der Gaststar (vgl. den Bericht zu Chris Ladd im DKG-Journal 3/19, S. 58). Am 10. November 2019 inszenierte Danielle einen „magischen" Abend mit Matt Epp. Am 30. November 2019 verzauberte Singer-Songwriter Justine Vandergrift die Gäste mit ihren Blues und Country-

Hauskonzert in Idstein am 10. November 2019 mit Joel Couture und Matt Epp

songs. Abgerundet wurde die weihnachtliche Stimmung durch kanadische Gaumenfreuden von Melody Roussy-Parent, die den Gästen in der Konzertpause mit Ahornsirup, Ahornbutter und Honigwein den Geschmack der Gaspésie nahebrachte (*www.melodys-canada.de*). Das vorerst letzte Hauskonzert fand dann am 24. Januar 2019 mit Morgan Finlay statt. Im Oktober 2019 traf man sich zu einem Stammtisch, und am 27. November 2019 analysierte der Heidelberger Politologe und Nordamerikaexperte Dr. Martin Thunert in den Räumen der Kanzlei Arnecke Sibeth Dabelstein in Frankfurt die kanadischen Wahlen vom 20. November 2019.

Die kanadische Immobilienmaklerin Gissou Ataee (links) und Vizekonsulin Colleen McCrank (rechts) beim Weihnachtsempfang

Dr. Claudia Rohrbach mit DKG-Präsidiumsmitglied Dr. Ulrich Bleyer

Die **Regionalgruppe Berlin-Brandenburg** war am 21. November 2019 bei der Urania zu einem Vortrag der Reiseschriftstellerin und Fotografin Dr. Carmen Rohrbach eingeladen. Carmen Rohrbach berichtete über ihren Winter in einem Blockhaus fernab der Zivilisation 400 Kilometer nördlich von Fort George bei bis zu minus 45 Grad Celsius. Ihre Erfahrungen hat sie auch in einem spannenden Buch niedergelegt. Am 14. Februar 2020 berichtete der Reisejournalist Reinhard Pantke, ebenfalls in der Urania über seine 6000 Kilometer lange Fahrradreise, die ihn im Sommer 2018 von Vancouver nach Halifax führte. Der traditionelle Neujahrsempfang mit Botschafter Stéphane Dion fand am 30. Januar 2020 in den Berliner Räumen der Kanzlei Arnecke Sibeth Dabelstein statt.

Die Münchener Juraprofessorin Kristin Bartenstein, die seit 2007 in Québec City an der Université Laval insbesondere Völkerrecht und Umweltrecht lehrt, hielt am 30. September 2019 auf Einladung der **DKG Oberbayern** im Amerikahaus München einen gut besuchten und hochinteressanten Vortrag zum Thema „Wandel in der Arktis, Herausforderungen für Politik und Recht". Das Canadian Potluck Thanksgiving Dinner am 14. Oktober 2019 und der Weihnachtsempfang am 11. Dezember 2019 im kanadischen Konsulat rundeten traditionell das Jahr der DKG in München ab.

AUSBLICK

Mit einem neuen Konferenzformat verstärkt die Deutsch-Kanadische Gesellschaft ihre Aktivitäten auf dem Gebiet der Wirtschafts- und Wissenschaftsbeziehungen zwischen beiden Ländern.

Mitglieder und Freunde der DKG, sind eingeladen, sich auf der ersten Cologne Canada Conference am 7. und 8. Mai 2020 in Köln unter dem Thema „Artificial Intelligence" zu informieren und zu vernetzen. Vertreter aus Unternehmen, Wissenschaft und offiziellen Stellen geben Einblicke in den Stand der Entwicklung und wie deutsche und kanadische Unternehmen Chancen im jeweils anderen Land erschließen können.

Nähere Informationen gibt es auf der DKG-Website unter *www.dkg-online.de.*

Die Regionalgruppe Rhein-Main bereitet sich schon intensiv auf die DKG-Jahresveranstaltung 2020 am 26., 27. und 28. Juni vor. Ihr dürft auf ein schönes und aufregendes Wochenende in „Mainhattan" gespannt sein!

Das DKG-Journal ist die Mitgliederzeitschrift der Deutsch-Kanadischen Gesellschaft, eines seit 1951 bestehenden, gemeinnützigen Vereins zur Förderung der wirtschaftlichen, kulturellen und menschlichen Beziehungen zwischen Deutschland und Kanada. Das Journal wird gestaltet durch eine Redaktionskonferenz bestehend aus Ulrike Rausch (ur) und Georg Schmitz (gs).
Unsere aktuelle Veranstaltungsübersicht findet sich auf: *www.dkg-online.de/events*

Das große Abenteuer

Auslandsschuljahr an der BCS in Québec

Ein imposantes Backsteingebäude, prächtige Parkanlagen und Jungen und Mädchen aus aller Welt in Uniform: Die Bishop's College School (BCS) ist eine englische Schule in französischem Umfeld, die sich mit ihrem 1,1 Quadratkilometer großen Campus in den Eastern Townships von Québec an den St. Francis River schmiegt. Tochter Lara Maunder hat dort ein Auslandsschuljahr verbracht. Tochter und Mutter blicken zurück.

Die Bishop's College School (BCS) von 1836 gehört zu den ältesten Schulen Kanadas, und sie wurde bereits vor der Gründung der Konföderation gegründet. Die Einrichtung hat nicht nur eine lange Tradition, sondern auch strenge Regeln: keine nackten Schultern im Speisesaal, keine gefärbten Haare – und keine Jungs auf dem Zimmer. Als Schule und Internat ist sie lokal tief verankert und engagiert, hat aber die Welt im Blick und vor Ort. Dort bildet sie Schüler aus mehr als vierzig Nationalitäten zu gewissenhaften Menschen mit Visionen und Mut zur Verantwortung aus. Was im Schulprospekt als *mission statement* steht, erlebten wir im Alltag. Auf Québec war die Wahl gefallen, da Lara seit der Maternelle (Kindergarten) das Lycée Français de Hambourg besucht, um das AbiBac (deutsch-französisches Abitur) abzulegen. Englisch aufpolieren, aber Französisch nicht vergessen: Da passten das französische Ostkanada und die BCS mit ihrem bilingualen Fächerangebot perfekt.

Das sah auch Laras Schulfreundin Liv Schwegmann so. Der Vergleich diverser Schulen bestätigte die Entscheidung: Die BCS soll es sein. Doch davor stand die erste Hürde: die Bewerbungen. Denn die BCS erhält jährlich mehr Anmeldungen als Plätze für internationale Schüler zur Verfügung stehen.

Lara und Hilke Maunder

Die Hamburger Journalistin Hilke Maunder ist in ihren Semesterferien den Sankt-Lorenz-Strom abgeradelt – und seitdem von Kanada begeistert. Ihre Tochter Lara längst auch. Auf Reisen durch Ontario folgte ein Auslandsschuljahr in Sherbrooke mit Reisen kreuz und quer durch Québec. Kanada haben beide ins Herz geschlossen.

Ansprachen vom Rektor, Auszeichungen, Vorträge und Events: Die Schulkapelle ist die Bühne.

Zudem achtet Gingi Sheppard, Associate Director of Admissions, sehr darauf, dass der Mix stimmt und nicht nur Mexikaner und Asiaten, die sehr nach Kanada drängen, vertreten sind. Nach dem Auswahlgespräch in Hamburg erhielten die Mädchen ihren *letter of acceptance*. Mit diesem Aufnahmeschreiben begann der offizielle Papierkram, der sich mit Beglaubigungen und Visaformalitäten – Einreisevisum jeweils für Kanada und Québec sowie *study permit* – über Wochen hinzog. Denn alle Visaanträge prüft zunächst einmal eine Düsseldorfer Agentur, die sie erst bei Aussicht auf Erfolg an die kanadische Botschaft in Wien weiterleitet. Ausgefüllt, bearbeitet und bezahlt wird alles online; per Kurier kommen Pass und Visa zurück. Das kostet und dauert. Drei Monate gingen so ins Land, während wir das Ratenzahlungsangebot der Schule nutzten, dafür Rabatte beim Schulgeld erhielten und eine Auslandskrankenversicherung abschlossen. Als fettes PDF trudelte im Frühling das *student enrolment package* ein, prall gefüllt mit Infos zum Leben auf dem Campus und Wahl der Schulaktivitäten. „*BCS, here we come!*"

Lara:

In genau zehn Tagen sollte es endlich losgehen. Zwei Tage zuvor war ich in Montréal gelandet. Leider mussten meine Mutter und ich fast fünf Stunden bei der *immigration* verbringen, weil ich meine *study permit* abholen und alles erstmal überprüft werden musste. Naja, es war ziemlich viel Papierkram ...

Nach einiger Zeit waren wir mit unserem Mietwagen endlich Richtung Sherbrooke unterwegs. Mein erster Eindruck der Region war gut. Die Häuser und Straßen sind hier nach amerikanischer Art erbaut, und an jeder Straßenecke findet man ein Fast-Food-Restaurant. Da probierte ich das erste Mal *poutine*: Pommes mit überbackenem Käse und brauner Soße. Lecker! Die erste Nacht in Kanada übernachteten wir in einem Motel in Lennoxville, das direkt neben meiner Schule liegt. Wegen des Jetlags waren wir beide schon um vier Uhr morgens wach. Nach einem frühen Frühstück in einem süßen Café sind wir zur Schule gefahren, wo wir eine erste Ladung Gepäck abgegeben haben und Gingi (mit ihr hatten wir den ganzen Anmeldeprozess durchgemacht) uns die BCS gezeigt hat. Danach haben wir mein *uniform fitting* gemacht. Montags wird immer die etwas feierlichere Schuluniform getragen: weiße Bluse, Blazer, dunkelblauer Kilt und dazu Kniestrümpfe oder eine schwarze Strumpfhose (für die Mädchen) sowie schwarze Doc Martens, die für Jungen und Mädchen obligatorisch sind, vervoll-

Jeder Schultag startet mit einer Ansprache in der Schulkapelle.

ständigen den Look. Den Rest der Woche kann man diese Kleidungstücke auch mit hellblauen Blusen, einem grauen Hosenrock, einer Strickjacke oder einem Polohemd ersetzen beziehungsweise kombinieren. Natürlich darf eins nicht fehlen: die verschiedenen Krawatten, die an jedem Tag Pflicht sind. Jede von ihnen hat ein anderes Design und dementsprechend auch eine andere Bedeutung. So hat jedes Haus seine eigene Krawatte, die man als *resident* dann trägt. Wer außerhalb des Unterrichts eine Aktivität macht, zum Beispiel im Chor, erhält ebenfalls eine Krawatte. Oftmals entsteht eine richtige Sammellust zwischen den Schülern.

Es war total ungewohnt, live auf dem Campus zu sein und die Schuluniform anzuprobieren. Ich hatte bis jetzt noch nicht realisiert, dass ich wirklich für ein Jahr dort bleiben und meine Verwandten und Freunde nicht sehen würde.

Die letzten Nächte mit Livs und meiner Mutter haben wir in Sherbrooke in einem schlicht gehaltenen Appartement verbracht. Wir haben uns am letzten Tag etwas die Stadt angesehen, die einen wunderschönen kleinen See im Zentrum hat, welcher mich ein bisschen an die Hamburger Alster erinnerte. Die Stadt selbst hat keine Hochhäuser, ist dafür aber ziemlich hügelig. Sagen wir mal so, es war ganz schön anstrengend, immer hoch- und runterzugehen.

Ich war am Morgen des Einzugs in die Schule so aufgeregt! Um neun Uhr mussten alle neuen Schüler auf dem Campus sein, alle *returning students* erst am darauffolgenden Tag. Leider haben Liv und ich am Abend zuvor erfahren, dass wir nicht im selben Haus sein würden. Ich wurde im Glass House und sie im Gillard House untergebracht. Insgesamt gibt es sieben Häuser auf dem Campus: zwei Mädchenhäuser und fünf Jungenhäuser (McNaughton, Grier North, Grier South, Williams und Smiths). Als ich in mein Haus kam, hat mich meine Hausmutter total freundlich begrüßt (ihr Name ist Julie) und mein Zimmer im ersten Stockwerk gezeigt. Zu meiner Überraschung war meine Mitbewohnerin schon da! Eine Australierin aus Bunbury, ihr Name ist Grace. Sie ist ein *exchange student* und richtig nett, aber ich muss sagen, dass es am Anfang ziemlich komisch und ungewohnt war, mit einem anderen Mädchen das Zimmer teilen zu müssen. Doch schnell hatte ich mich daran gewöhnt, und wir haben uns sehr gut verstanden.

Zu allererst habe ich meine Koffer ausgepackt und das Zimmer etwas wohnlich gemacht. Danach mussten sich alle neuen Schüler gemeinsam mit den *prefects* versammeln und Aktivitäten mit ihnen machen. *Prefects* sind Zwölftklässler, die Vertrauensschüler und Schulsprecher in einem sind und auch von den Schülern gewählt werden. Sie organisieren die ersten

Fest in das Schuljahr integriert sind Reisen - auch in die Hauptstadt Ottawa.

Schultage, Aktivitäten, *chapel assemblies*, aber auch *socials*, die Mottopartys ähneln und alle zwei Monate stattfinden.

Hilke:

Der Abschied im September begann mit einer Einführungswoche. Eltern und Kinder machten gemeinsam einen geführten Rundgang durch die Schule, lernten Lehrer und Klassenräume, Sportstätten und den Speisesaal kennen. Schulleiter Tyler Lewis begrüßte die Neuankömmlinge und ihre Eltern in der Schulkapelle. Woher sie kamen, verrieten die vielen Flaggen, die entlang der holzverkleideten Wände aufgesteckt waren. Langsam wurden beide Lebenswelten getrennt: Die Eltern genossen mittags auf Einladung des Elternvereins ein schickes Büfett mit Scampi und Champagner, die Kinder aßen erstmals in der Kantine. Abends schlief Lara im Glass House. Claudia (die Mutter von Liv) und ich köpften im jetzt kinderlosen Appartement gemeinsam mit einer anderen BCS-Mutter eine Flasche Wein aus Québec. Sein fremdartiges Aroma passte zur ungewohnten Situation. Die Einführungswoche endete mit dem Mountain Day.

„Cadets" bei der BCS sind auch junge Mädchen.

Lara:

Nach dem Unterricht haben wir mit den Eltern, Lehrern und allen Schülern, den Mont Orford bestiegen. Ich schätze mal, wir waren um die 300 Leute, die alle zusammen losgelaufen sind. Die Wanderung war anstrengend, weil es die ganze Zeit richtig steil nach oben ging. Als ich endlich rot und fertig auf dem Gipfel stand, hatte ich einen wundervollen Blick auf die Umgebung. Als sich alle Schüler oben versammelt hatten, haben wir ein Gruppenbild gemacht, auf dem wir mit unseren Haus-T-Shirts (nach Häusern gruppiert) sitzen. Auf dem Rückweg im Bus wäre ich fast eingeschlafen, weil ich sehr müde war. Zurück in der BCS gab es zum Ende der Einführungstage ein großes Barbecue. Nach dem Essen sind Mama und ich an einen einsamen Ort gegangen und haben uns verabschiedet. Um ehrlich zu sein, war ich recht traurig, dass sie gehen musste, weil ich mich zu diesem Zeitpunkt in der Schule noch nicht wirklich wohlgefühlt habe. Am Abend sind ein paar Tränen geflossen. Am nächsten Tag war Spirit Day. Alle tragen dann die Schulfarben Lila und Weiß.

Am Samstagmorgen sind alle Schüler und Lehrer nach Québec City zur Base des Forces canadiennes Valcartier gefahren. Es handelt sich hier um einen Militärstützpunkt, in dem Kadetten trainiert werden. Wir haben dort das Wochenende verbracht, um militärische Erfahrungen zu sammeln und *leadership* aufzubauen. Alle Mädchen schliefen zusammen in einer langen Baracke in Hochbetten. Es gab keine getrennten Räume, nur einen langen Gang mit den Betten. Die Matratze war aber weicher als die in meinem Zimmer in meiner Schule! Unsere erste Station war der Schießstand. Jeder Neuling hat ein Gewehr mit Luftpatronen bekommen, und nachdem uns der Kommandant erklärt hat, wie man das Gewehr benutzen und laden soll, mussten wir einmal im Liegen und im Stehen auf mehrere, kleine, schwarze Punkte schießen. Von acht Zielen, die so groß waren wie zwei Euromünzen, habe ich vier getroffen. Ich fand, dass das für mich, fürs erste Mal, schon ziemlich gut war. Nach dem Schießen ging es weiter zu einem Fitnesstest. Wir mussten dort so viele Push-ups, Situps und einen Stretchtest machen. Je nachdem, wie viele man jeweils gemacht hat oder wie flexibel man ist, hat man Auszeichnungen bekommen, wie zum Beispiel Bronze, Silber, Gold oder Exzellent. Danach gab es noch einen Test, indem überprüft wird, wie viele halbe Fußballfelder man in einer bestimmten Zeit rennen kann. Ich habe 22 geschafft, was ein sehr gutes Ergebnis ist, vor allem dafür, dass ich nicht die Beste im Rennen bin. Zu guter Letzt wurde uns am Ende dieses Tages noch gezeigt, wie die Soldaten im kalten oder sehr warmen Klima draußen in der Wildnis überleben. Wir mussten zum Beispiel unser eigenes Zelt aufbauen und auf dem Feuer Essen zubereiten. Die ganze Nacht hat es richtig gestürmt und in Strömen geregnet.

Am nächsten Morgen war das Wetter nicht besser. So mussten wir nach dem Frühstück im Regen marschieren und den Befehlen gehorchen, die uns gegeben wurden. Ich hatte übrigens mehr als eine Woche später auch ein Kadettentraining direkt an der Schule – und sogar eine Prüfung. Ich musste mit zwei anderen Mitschülern vor allen anderen marschieren und Befehlen folgen. Ziemlich viele haben die Inspektion nicht geschafft, ich habe es aber geschafft, und mir macht das Militärtraining auch richtig viel Spaß.

Der Höhepunkt im Mai ist die Kadettenparade.

Nach diesem ersten Trainingstag auf dem Stützpunkt hatte meine Gruppe Alpha nur noch eine Aktivität, einen *obstacl run*, indem wir über mehrere Elemente springen oder an Stangen entlangklettern mussten. Wir wurden in zwei verschiedene Teams aufgeteilt, und ich musste gegen ein ziemlich sportliches Mädchen antreten. Ich habe aber zu meinem Erstaunen den Parcours in kürzerer Zeit gemeistert als sie und habe somit einen Punkt für meine Mannschaft gewonnen.

Zurück in der BCS begann die erste Woche, in der wir „richtig" Unterricht hatten und auch langsam in den Schulrhythmus hineinkamen. Die Fächer sind mit denen identisch, die ich auch in Hamburg habe: Französisch, Englisch, Geschichte, Mathe, Naturwissenschaften, Ethik, Sport. Zudem hat man auch noch die Wahl zwischen Kunst, Musik oder Theater. Ich hatte mich für Kunst entschieden und meine Fähigkeiten in einem Jahr deutlich verbessert. Verglichen mit Deutschland hatten wir wenig Hausaufgaben, und bei Klausuren, wie in Mathe oder Naturwissenschaften, durften die Schüler sich vor einer Klausur ein *memory aid* machen. Dieser Hilfszettel durfte auch noch während der Klausur benutzt werden, da die Schule die These aufgestellt hat, dass es nicht darauf ankommt, alles auswendig zu lernen, sondern den Unterrichtstoff korrekt anwenden zu können.

Im Kadetten-Camp wird mit der Armee trainiert.

Wenn man sich im Unterricht anstrengt, spiegelt dies die *effort list* wider, die alle zwei Wochen aufgestellt wird. Darauf kommt man, wenn man nur die Noten A oder B in allen Unterrichtsfächern hat, davon mindestens zweimal A. Wird man aufgerufen, wenn diese Liste vorgelesen wird, so bekommt man Privilegien im Haus, wie zum Beispiel die Möglichkeit, die Zimmertür während der Hausaufgabenzeit zuzumachen, die jeden Abend für zwei Stunden angesetzt ist. Während des Jahres gibt es drei Zeugnisse, die sogenannten *report cards*. Die Note wird dort in den jeweiligen Fächern in Prozenten dargestellt. Liegt man eine gewisse Prozentzahl über dem Gesamtdurchschnitt, so kommt man auf die *honor list* und kriegt dafür ein Diplom, das dies bestätigt.

Immer mit Salat: Die Schulkantine setzt auf gesunde Küche.

Nach dem Unterricht gibt es die *crease*, die jeden Tag nach der Schule sowie am Samstagmorgen stattfindet. Hierbei handelt es sich um eine Sportart, die man sich je nach Saison aussuchen kann. Insgesamt nimmt man in einem Schuljahr an drei Sportarten teil. Bei mir waren es Fußball, Basketball und Rugby. Doch die Wahl fiel mir schwer. So viel steht zur Verfügung: Eishockey, Skifahren, Tennis, Klettern, Frisbee etc. Wenn man einen Mannschaftssport wählt, so wie ich jedes Mal, dann finden regelmäßig Spiele gegen andere Internate oder Schulen in der Umgebung statt. Zudem durfte ich auch bei mehreren Wettbewerben teilnehmen, wie zum Beispiel dem Cais Rugby Tournament, für das wir für mehrere Tage nach Ottawa gereist und sogar ins Finale gekommen sind. Dies war für mich eine vollkommen neue Erfahrung und neue Sportart, die mir sofort ans Herz gewachsen ist.

Für Freitag stand etwas sehr Spannendes auf dem Terminkalender: der Black & White, wo man dementsprechend nur Schwarz oder Weiß trägt. Ich bin an diesem Abend ganz in Schwarz gegangen. Ich hatte ein schwarzes Kleid mit Jeansjacke und schwarzen Boots an. Nachdem auch endlich die anderen Mädchen fertig waren, sind wir ins *student centre* gegangen. Wir wurden von den *prefects* empfangen, und laute Musik dröhnte schon aus den Lautsprechern, sogar ein DJ war vor Ort. Ich muss sagen, dass die Musik am Anfang cool war und alle getanzt haben, aber desto später es wurde, desto schlechter wurden die Lieder, und am Ende haben nur noch die Mexikaner und noch ein paar andere zu spanischer Musik getanzt und gesungen. Um Mitternacht bin ich dann wieder in meine Residenz gegangen, wo ich noch mit einer kleinen Mädchenrunde geklönt habe (mein Zimmer war während meiner Zeit hier eigentlich immer der Treffpunkt, und wir aßen dabei gerne Bagels mit Erdnussbutter, das war schnell eine Tradition und Sucht geworden.).

Am nächsten Morgen mussten wir früh aus den Betten, da der Terry Fox Run anstand! Terry Fox war ein Kanadier, der an Krebs erkrankt war. Er wusste, dass er nicht mehr lange zu leben hatte, und deshalb wollte er allen anderen Erkrankten helfen. Obwohl er wegen seines Tumors nur noch ein Bein

hatte, ist er monatelang durch Kanada an den Highways gejoggt und hat Spenden eingesammelt. Als er endlich am Ziel ankam, ging es ihm gesundheitlich aber so schlecht, dass er dort in einem Krankenhaus gestorben ist. Seitdem ist er eine kanadische Legende, und jedes Jahr findet ein Vierkilometer- oder Achtkilometerlauf in seinem Namen statt.

Morgens haben sich dann alle Schüler, Lehrer und freiwillige Mitläufer hinter dem *gym* getroffen und als Zeichen der Liebe und des Friedens ein Herz aus Menschen geformt, welches dann mit einer Drohne fotografiert worden ist. Nach dem Fotoshooting sind alle an die Startlinie getreten, und als ein Pfiff ertönte, ging es los. Ich bin vier Kilometer gelaufen, habe mir aber schön viel Zeit mit meinen Freunden gelassen. Wir haben am Ende des Laufes insgesamt 6000 Euro eingesammelt, die im Anschluss Krebserkrankten zugutegekommen sind.

Hilke:

Die Tage, Wochen und Monate, die Lara in Kanada war, vergingen wie im Flug. Ich hatte kaum das Gefühl, dass sie fort war.

Die BCS engagiert sich: beim Pink Shirt Day gegen Mobbing und für Toleranz.

Dank WhatsApp, Snapchat und regelmäßigem Facetimen und Skypen am Wochenende wusste ich immer, was sie machte. Auch wenn mir angesichts der vielen Erlebnisse und Events mitunter der Kopf schwirrte. Wenn sie nicht zu Basketball-, Fußball- oder Rugbymatches andere Schulen besuchte, kostete sie beim International Day die Küche ihrer Mitschüler, seifte dann Lehrer ein, verwandelte sich zu Halloween in eine gruselige Hexe, zum *sports banquet* in eine schicke junge Dame oder tobte beim Winterkarneval geschminkt im Schnee. Wie gut, dass sich auch Eltern auf der Website der Schule einloggen können, um so den Überblick über Veranstaltun-

Am International Day dürfen die Lehrer eingeseift werden.

gen, andere Ferienzeiten, Noten und Auszeichnungen behalten zu können. Jeden Monat flatterte zudem eine E-Mail ins Haus, die verriet, was an der Schule insgesamt passierte. Der März-Newsletter kündigt regelmäßig die beiden größten Zeremonien im Schuljahr an: die Verleihung der Ehrungen des Duke of Ed's Programme und die *cadet inspection* im Mai.

Lara:

In den letzten Wochen meines Schuljahres an der BCS gab es nicht nur die letzten Klausuren, sondern auch die *inspection*, die große Begutachtung unseres Kadettenkorps durch die Offiziere der Black Watch im Beisein des Gouverneurs von Québec J. Michel Doyon. Die große Zeremonie mit Marschmusik, Flaggenschwenken und Auszeichnungen dauerte etwa zwei bis drei Stunden und fand bei heißem Wetter auf den großen Ballspielfeldern vor vielen Zuschauern statt. Dort mussten alle Schüler den Befehlen des *inspectors* folgen. Die *inspection* ist etwas sehr Anstrengendes, da die Uniformen oftmals sehr warm sind und man sich kaum bewegen darf, um den Kreislauf anzukurbeln, was zu einigen Zusammenbrüchen führte. Für die Schüler aus der elften und zwölften Klasse fand die *graduation* statt. Sie markiert das Ende eines erlebnisreichen Schullebens. Ganz euphorisch haben diese Schüler ihre Abschlusskappen in die Luft geworfen.

Vom Gouverneur von Québec ausgezeichnet: Lara Maunder

Zum Abschluss würde ich jedem die Erfahrungen, die ich während des Auslandjahres gesammelt habe, ans Herz legen. Es gab zwar auch Momente, in denen ich Heimweh hatte oder einen Durchhänger in der Schule, bei dem ich einfach eine Pause gebraucht hätte, doch trotzdem ist es eine Erfahrung, die nicht nur Reife und Selbstständigkeit hervorbringt. Sie bringt einen dazu, seine kulturellen Kenntnisse zu erweitern und sich selbst in einer fremden Umgebung besser einzuschätzen. Da einen die Schule aber auch immer wieder dazu bringt, Neues zu probieren, entdeckt man sich und seine Stärken.

Hilke:

Solange, wie die Vorbereitungen gedauert hatten, so schnell war das Jahr vorbei. Plötzlich stand meine Tochter vor mir: kaum größer, aber deutlich muskulöser, selbstbewusster und strahlend, glücklich über das Wiedersehen und noch ganz erfüllt von ihren Erlebnissen. Die Rückkehr in den Hamburger Alltag verlief viel reibungsloser als erwartet. Die vielen bangen Gedanken haben sich nach den ersten Tagen an der alten Schule in Luft aufgelöst. Die Lehrer, so schien es, hatten Laras Abwesenheit längst vergessen und fragten sie: „Hast du vergessen, was wir im letzten Jahr gemacht haben?!" Als sie antwortete, verriet ihr Akzent im Französischen, wo sie gewesen war. Da fiel es auch den Lehrern wieder ein. Und heute? Da ist die BCS immer noch Teil unseres Lebens – nicht nur durch das weltumspannende Alumninetzwerk. Zwei Freundinnen leben in Hamburg, andere Schulfreunde besuchen uns – oder Lara reist zu ihnen. Und kommt Gingi Sheppard bei den neuen Auswahlgesprächen nach Hamburg, ist sie bei uns zu Gast.

Die Bishop's College School aus der Luft

LAGE

Die Bishop's College School erstreckt sich auf 1,1 Quadratkilometer am Ufer des St. Francis River von Lennoxville. Der Stadtteil gehört zu Sherbrooke in den Eastern Townships, einer anglophilen Ecke in der französischsprachigen Provinz Québec, rund 2 Std. entfernt von Montréal sowie nahe der Grenze zum US-Bundesstaat Vermont.

ADRESSE

80 chemin Moulton Hill, Sherbrooke, QC J1M 1Z8, Tel.+1 819 566-0227, *www.bishopscollegeschool.com*

Schülerzahl: 265, davon 2100 im Internat. 55 % Jungen, 45 % Mädchen.

Internationale Schüler: 40 %

KOSTEN (SCHULJAHR 2020/21)

Unterricht & Boarding: 69.000 CAD
Anmeldegebühr 4000 CAD
Technologie-Gebühr: 400 CAD
Krankenkasse: rd. 1100 CAD

Einkleiden: 1200 –1500 CAD; angeboten werden auch Secondhand-Schuluniformen.

Schulausflüge: Die Trips kosten jeweils rund 900-1500 CAD.

BESONDERHEITEN

• Die BCS gehört seit 1986 dem internationalen Internatsnetzwerk Round Square (*www.roundsquare.org*) an, das sechs IDEALS hat – Internationalism, Democracy, Environment, Adventure, Leadership, Service. Damit Damit verpflichtet sich die BCS nicht nur zu einer erstklassigen akademischen Ausbildung seiner Schüler, sondern auch zur Förderung ihrer persönlichen Entwicklung hin zu Führungsqualitäten, Verantwortungsbewusstsein und Weltoffenheit.

• Die Schule ist in das internationale Jugendprogramm The Duke of Edinburgh´s Award, *dofe-germany.de*, eingebunden, das der deutsche Erlebnispädagoge Kurt Hahn und Philip, Duke of Edinburgh, gemeinsam gegründet haben. Über die Programmteile Dienst, Talente, Fitness, Projekt und Expedition will es bei Kindern und Jugendlichen Eigeninitiative, Zuverlässigkeit, Teamfähigkeit und Planungskompetenz fördern.

• Der BCS Cadet Corps #2 ist der älteste ununterbrochene Dienstkorps und gehört seit 1936 zum Black Watch Royal Highland Regiment, *www.blackwatchcanada.com*.

Das Provisorium wird zur Gewohnheit

Der lange Weg vom Reisenden zum Permanent Resident

– Ein Erfahrungsbericht –

Die einjährige Reise durch Kanada sollte ein praktisches Gegengewicht zu meinem sehr theoretischen Studium der Philosophie und Germanistik werden. Für mich war klar: Ich reise ein Jahr lang, komme zurück nach Deutschland und dann *business as usual*. Rückblickend war meine Einstellung zugegebenermaßen etwas blauäugig – offenen Herzens in eine neue Situation zu gehen, bedeutet eben auch, dass sich die eigenen Umstände maßgeblich ändern können. Wie schön, dass manche Dinge nicht planbar sind, andere, wie die Beschaffung von Visumspapieren, dafür aber schon.

An einem Donnerstagmorgen im April 2016 kontaktiere ich Frau Hans von der Elizabeth Fry Society in Calagary via E-Mail, um sie zu bitten, mich bei meinem Visumsantrag zu unterstützen. Ich möchte eine *permanent residence* beantragen, die kanadische Form der Niederlassungserlaubnis. Zu diesem Zeitpunkt weiß ich, dass sich mein Leben dramatisch verändern wird und es einen bürokratischen Berg zu besteigen gilt, sollte meinem Antrag stattgegeben werden.

Doch zurück zum Anfang der Geschichte. Der Grundstein für meinen Visumsantrag wird drei Jahre zuvor gelegt, im März 2013: Mein enger Freund Christian und ich beschließen Mitte 2012, gemeinsam für ein Jahr zu reisen. Mich zieht es damals auf den afrikanischen Kontinent, ich will ein ganz anderes Leben kennenlernen, vielleicht ein Projekt in der Entwicklungshilfe unterstützen. Christian dagegen ist fasziniert von der Natur auf Neuseeland. Relativ schnell kristallisiert sich heraus, dass unser Ziel aber vor allem eine gemeinsame Reise ist und der Ort des Reisens dabei sekundär, sodass wir uns auf Kanada einigen. Kein Kompromiss, der genau in der Mitte liegt, aber eine Entscheidung, die uns beiden gefällt.

Wir bewerben uns für ein sogenanntes Working Holiday Visa und fliegen schließlich Anfang März 2013 nach Kanada. Unsere große Reise beginnt in Vancouver. Wir verbringen einen ganzen Sommer auf Vancouver Island, einigen der Gulf Islands und ziehen langsam von der West-

Jan Magnus Brandner

Jan Magnus Brandner wurde 1991 in Bonn geboren. Er ist Philosoph, Germanist und Betreiber des Digitalateliers für Zeitgeist und Lebensästhetik. Seit September lebt er mit seiner Partnerin in Victoria.

Blick auf einen Teil des inneren Hafens von Victoria

küste über die Rocky Mountains bis in den Süden Albertas, nach Calgary und Edmonton. Die meiste Zeit sind wir in der Natur, zelten, wandern, ab und zu kommen wir bei Menschen unter, die wir während unserer Reise kennenlernen.

Und dann geschieht etwas Unerwartetes: Zwei Wochen, bevor wir unseren Rückflug nach Deutschland antreten, couchsurfen wir bei Calin, einem rumänischen Kanadier, den wir einige Wochen zuvor während des Skifahrens in Sunshine kennengelernt haben. Calin ist es, der mich mit meiner heutigen Partnerin Julia bekannt macht, die ebenfalls rumänische Kanadierin ist. Meine Reise, die eigentlich enden sollte, wird auf unbestimmte Zeit verlängert. Ich verliebte mich in diesen letzten Wochen der Reise in Julia, und wir verbrachten die verbleibenden zwei Wochen meiner Reise gemeinsam.

Zurück in Deutschland intensivierte sich unser Kontakt, und wir begannen, einander zu besuchen. Für knapp zwei Jahre führten wir eine Fernbeziehung.

Doch die anstrengenden Reisen und die Sehnsucht nach einem gemeinsamen Alltag sollten nicht ewig währen. Nach

Spätsommerstimmung in Victoria

Beendigung meines Studiums zog ich für ein knappes halbes Jahr nach Calgary – mit einem Touristenvisum. Kein eigenes Geld verdienen zu können und finanziell von Julia abhängig zu sein, war schwierig, sodass ich nach Ablauf meines Touristenvisums nach Berlin zog, um eine Stelle als Kulturmanager in einer Galerie für angewandte Kunst und zeitgenössisches Design anzutreten – Julia kam mit. Gleichzeitig überlegten wir, wie eine gemeinsame Zukunft in Kanada realisiert werden könnte. Es galt, einen bürokratischen Hürdenlauf zu meistern.

Grob gesprochen, funktioniert die kanadische Visumsvergabe nach einem Punktesystem: In unterschiedlichen Kategorien bekommt der/die Einwanderungsinteressierte Punkte für diverse Qualifikationen und Nachweise, wie zum Beispiel Ausbildung, Berufserfahrung, Alter, Anpassungsfähigkeit usw. Um mich unabhängig von Julia auf eine *permanent residence* bewerben zu können, fehlten mir die nötigen Jahre Berufserfahrung, sodass mein Punktestand nicht ganz reichte. Eine Heirat aus visumstechnischen Gründen stellte sich für uns als ein nicht gangbarer Weg dar. Glücklicherweise landeten wir über Julias frühere berufliche Kontakte bei der Elizabeth Fry Society in Calgary, die Frauen und Familien bei Einwanderungsprozessen berät und begleitet. Unsere Ansprechpartnerin Frau Hans signalisierte uns, dass ich mich über die Kategorie des Familiennachzugs für eine *permanent residence* bewerben könnte, sofern Julia als meine finanzielle Bürgin fungieren würde.

Entscheidend für unseren Fall war, dass Julia und ich zu diesem Zeitpunkt bereits für mehr als ein Jahr in einer gemeinsamen Wohnung in Berlin lebten und beide berufstätig waren. So konnten wir von einem gemeinsamen Mietvertrag, über geteilte Haushaltsführung bis hin zu regem Familienaustausch in allen geforderten Kategorien entsprechende Nachweise anführen.

Alle notwendigen Unterlagen zu beschaffen dauerte ein knappes Jahr. Diese Dauer ist abhängig von der individuellen Situation der Bewerberin, des Bewerbers – sicherlich kann man hier auch in wenigen Wochen eine den Anforderungen entsprechende Bewerbung auf die Beine stellen. In unserem Fall mussten etliche Dokumente vom Deutschen beziehungsweise Rumänischen ins Englische übersetzt und anschließend beglaubigt werden.

Verkompliziert wird der Bewerbungsprozess durch häufige Gesetzesänderungen im Bereich Einwanderung, was in der Folge bedeutet, dass auch die auszufüllenden Formulare laufend aktualisiert werden. Nur wer die jeweils aktuellste Version schickt, wird im Bewerbungsverfahren weiter berücksichtigt.

Das Empress-Hotel (links); im Hintergrund das Parlamentsgebäude British Columbias in neubarockem Stil

Mein Bewerbungsprozess gliederte sich in folgende Teile:

1. Senden aller notwendigen Unterlagen in unserer Kategorie.

2. Aufforderung, biometrische Informationen abzugeben und ein medizinisches Gutachten beim Amtsarzt einzuholen.

3. Erbringung weiterer Nachweise.

Die erforderlichen Unterlagen zu sammeln war vor allem Fleißarbeit. Nach vier Monaten stand unsere Bewerbung, und wir schickten einen beachtlichen Stapel physischer Dokumente per Kurier an das Case Processing Centre in Mississauga, Ontario. Dann hörten wir mehr als sechs Monate lang nichts. Die einzige Information, die wir hatten, war, dass unser Paket erfolgreich zugestellt worden war. Als ich im Spätherbst, nichts ahnend, meine E-Mails prüfte, hatte ich tatsächlich eine erste Rückmeldung vom Citizenship and Immigration Center Canada: Man forderte mich auf, meine biometrischen Daten abzugeben sowie ein medizinisches Gutachten erstellen zu lassen. Frau Hans von der Elizabeth Fry Society teilte uns mit, dass sich unsere Bewerbung bereits im finalen Stadium befände, da andernfalls die Aufforderung gar nicht erfolgt wäre. Wir machten Luftsprünge!

Fisgard Lighthouse: erbaut von 1859 bis 1860; gilt als erster Leuchtturm an der Westküste der damaligen britischen Kolonie Vancouver Island

Seit wir uns kennen, leben Julia und ich in einem Provisorium. Das liegt an unseren unterschiedlichen kulturellen Hintergründen, aber eben auch daran, dass wir bisher kein Land haben, in dem wir ähnliche Voraussetzungen haben. Unser Gefühl, in einem Schwebezustand zu existieren, wurde während unseres Bewerbungsprozesses noch einmal verstärkt: Erst monatelang nichts zu hören und in der finalen Phase die Ungewissheit des Ausgangs, sorgte für eine konstante innerliche Anspannung.

Nachdem ich den Aufforderungen gefolgt war, wurden wir angewiesen, weitere Nachweise zu erbringen, die belegen sollten, dass wir tatsächlich nach Kanada ziehen wollen. Diese Forderung macht natürlich Sinn: Zwei Europäer mit – zumindest auf dem Papier – etabliertem Leben in Deutschland, sind in Bezug auf ihre Umzugspläne nicht hundert Prozent glaubwürdig. Trotzdem mussten wir herzlich über diese Forderung lachen, wollten wir die Visumspapiere doch so sehr. Schlussendlich ist es uns gelungen, mit Nachweisen über die Kommunikation zu kanadischen Freunden, Vermietern und notariell beglaubigten Erklärungen auch dieser Forderung glaubhaft zu begegnen.

Ende März 2019 erhielt ich dann die Nachricht, dass meine Papiere bei der kanadischen Botschaft in Wien zur Abholung bereitlagen und der Bescheid positiv ausgefallen war. Das Abenteuer eines Lebens in Kanada sollte also Wirklichkeit werden!

Die formale Seite meines Bewerbungsprozesses war umfangreich, aber händelbar. Alle Informationen sind auf der Internetseite der Citizenship and Immigration Center Canada der kanadische Regierung einsehbar. Durch die Unterstützung von Frau Hans hatten wir eine kompetente Begleiterin im Prozess.

Die inhaltliche Seite der Bewerbung war anstrengend und fordernd, aber auch spannend. Ich bin froh, dass ich mir für jeden Teil der Bewerbung die notwendige Zeit genommen habe, um mich, ganz in Ruhe, gedanklich mit dem Umfang des jeweiligen Schritts im Prozess vertraut zu machen.

Als Deutscher in außereuropäisches Ausland zu ziehen, war für mich nie eine Option gewesen – bis ich Julia kennenlernte. Mittlerweile muss ich sagen, dass sich das politische Klima in Deutschland und Europa so sehr verändert, dass ich tatsächlich auch froh bin, eine Ausweichmöglichkeit mit mehr Weite – nicht nur im räumlichen Sinne – gefunden zu haben (natürlich dafür mit Enge an anderer Stelle).

Trotzdem bin ich kein klassischer Auswanderer, falls es den überhaupt gibt. Ich bin mit Kopf und Herz Deutscher und weiß um die Vor- und Nachteile des Lebens in Deutschland und Kanada. Mein Ziel ist die Erweiterung meiner Lebensrealität, und ich glaube, Kanada ist eine sinnvolle Ergänzung dafür. Für mich geht es nicht um ein Entweder oder ein Oder, sondern um ein Und.

Mittlerweile stand fest, dass wir Anfang September (2019) nach Victoria ziehen würden. Wir haben unsere Wohnung

gekündigt, Arbeitgeber informiert und haben unseren Umzug organisiert.

Inzwischen sind wir in Victoria angekommen und schon seit zwei Monaten hier. Der Abschied aus Deutschland war kurz und schmerzvoll. Auch wenn Kanada ein westliches Land ist, gibt es Unterschiede in der alltäglichen Lebensweise. Der Austausch mit Freunden und der Familie über Erlebnisse sowie der Abgleich der eigenen Realität mit der des jeweiligen Gegenübers ist spannend und baut Brücken.

Die ersten Wochen haben wir in einem Airbnb verbracht. Seit Ende Oktober leben wir in einer WG, in einem schönen, alten Haus, fünf Meter vom Wasser entfernt. Bei klarem Himmel sind nachts die Lichter von Seattle (USA) zu erkennen, tagsüber lassen sich die Berge zwischen den Wolken in Washington erahnen. Ich habe einen Job gefunden und betreue deutschsprachige Kunden für ein international agierendes Unternehmen. Meine Partnerin arbeitet wieder für ihren alten Arbeitgeber aus Calgary, der ebenfalls eine Niederlassung in Victoria hat.

Mir gefällt der Rhythmus der Stadt; die Leute scheinen sich bei allem Zeit zu lassen. Ähnlich wie ich es aus kleineren, süddeutschen Dörfern kenne, grüßt man einander freundlich, unterhält sich kurz; woher man kommt, was man macht oder ob einem das Wetter zusagt. Der Sommer ist vorbei, und der Herbst ist mit seinen vielen Farben und Früchten angekommen. Passend zu meiner Situation, macht er Lust, Dinge zu probieren und aus dem Vollen zu schöpfen.

Die nächsten Monate werden spannend und herausfordernd: Es gilt, gute Routinen zu entwickeln, weiter auszuprobieren und Schritt für Schritt anzukommen. Nachdem sich unsere äußere Situation stabilisiert hat und der Rausch der ersten Wochen verflogen ist, bin ich gespannt auf meinen Alltag an der kanadischen Pazifikküste.

Mein Wunsch ist es, an der Westküste Fuß zu fassen. Ich möchte das Leben in Kanada weiter kennenlernen. Außerdem bin ich gespannt auf die sprachliche Erweiterung und mögliche neue Perspektiven auf meine deutsche Identität: Die deutsche Sprache ist ein wesentlicher Bestandteil meiner Identität und Kultur. Mich reizt es besonders, diese Identität durch die Erfahrung einer heterogeneren Gesellschaft, wie sie Kanada als klassisches Einwanderungsland besitzt, zu bereichern und weiter auszubilden.

Ich schätze die atemberaubende Natur auf Vancouver Island und habe mich bereits mit alten Freunden vor Ort getroffen.

Ganz besonders aber freue ich mich über *smokys*, leckere, mit Käse gefüllte Krakauer, die ich so bisher nur in Kanada gefunden habe. Und natürlich über Clamato Tomatensaft, den wahren Grund für meinen Umzug.

Pazifik, vom lateinischen „pacificus" kommend, heißt wörtlich übersetzt: friedlich

Aus dem Fenster sieht Driftwood Holly die Nordlichter

Vom Fichtelberg an den Yukon River: ein Musiker und Lebenskünstler

Als wir den Singer-Songwriter vor Jahren erstmals in einer Berliner Kneipe erlebten, waren wir überrascht von seiner einfühlsamen Stimme, ihrer eindringlichen Intensität. Seine Lieder sind vielseitig, die Texte ungewöhnlich. In Begleitung exzellenter Musiker – der Bassist Jäcki Reznicek, der Geiger Pavel Oswald und andere – rockte es so richtig; seine Zwischenansagen waren lustig, wir hatten einen sehr vergnügten Abend!

Selten lernt man jemanden kennen, der sein gewohntes Leben über den Haufen geworfen hat, um seinen Träumen zu folgen. Dabei lebt Driftwood Holly, aka Holger Haustein, nicht etwa in Wolkenkuckucksheim, sondern steht mit beiden Beinen mitten im Leben, trifft wohlüberlegte, vernunftbasierte Entscheidungen. Das muss er schon deshalb, damit er mit seiner Familie in der Wildnis überleben kann – *off-the-grid*, wie die Kanadier sagen. Wir haben ihn im Herbst am Yukon River besucht. Sein abgelegenes Blockhaus hat weder fließendes Wasser noch Stromanschluss, es gibt ein Außenklo. Er hatte gerade Fische gefangen, musste für Brennholz sorgen, wollte noch einen Elch jagen – dies alles, um Vorräte für den langen harten Winter schaffen, bevor er nach Deutschland aufbricht, zur „Budenzauber"-Tournee im November/Dezember.

In seiner Jugend war der Oberwiesenthaler Skispringer. Den Fall der Mauer erlebte er als Grenzsoldat. Es folgte jahrelange harte Arbeit in seiner Dachdeckerfirma, aber irgendwann beschloss er, auf Reisen zu gehen, um etwas von der Welt sehen, Peru, Afrika, über vierzig Länder. Doch immer ging es danach wieder „ganz brav" zurück zur Arbeit. Bis er in den Yukon, nach Dawson City kam – Jack Londons Ruf der Wildnis folgend. Das andere Lebensgefühl, das ihm hier begegnete, brachte ihn zu einer Lebenskurskorrektur: Schluss mit der erfolgreichen, aber aufreibenden Handwerksfirma; Übersiedlung nach Kanada, ein völlig anderes, unabhängiges Leben auf einer Farm bei Dawson City. Es gab viel Ungewissheit, viel zu lernen, aber auch Abenteuer und Spaß. Vor elf Jahren tourte er mit Familie und Hund in einem alten Bus, den er auf Antrieb mit gebrauchtem Speiseöl umgerüstet

Mechtild Opel

Bei ihren Reisen ist die Autorin Mechtild Opel stets auf der Suche nach den Geschichten hinter der Szenerie. So entstanden außer Büchern (wie „Kanada – der maritime Osten", „Kanada/Länderporträt" und „Eisbären – Wanderer auf dünnem Eis") zahlreiche Artikel für Magazine; weitere Bücher über Kanada und die Arktis sind in Arbeit.

hatte, 18 Monate lang durch Kanada, 20.000 Kilometer von der Westküste bis Cape Spear in Newfoundland.

Das Unterwegssein in vielen Ländern hat Driftwood Holly gelehrt, das Leben aus verschiedenen Blickwinkeln zu sehen. Seine Welterfahrung findet Eingang in seine Lieder. Oft sind sie vom Leben im kanadischen Norden inspiriert. Der Titel der CD „Little Lili Mammoth Hair" geht auf eine Legende über die Mammutjäger zurück, die vor 10.000 Jahren den Yukon durchstreiften. „Aura Borealis", das Album mit den Nordlichtern auf dem Cover, zeigt den Einfallsreichtum und die Vielfalt von Hollys Musik. Mein Lieblingsstück ist „Mothers", ein musikalisch dichtes, rhythmisch intensives Lied; für mich auch Ausdruck seiner Verbundenheit mit den First Nations. 2019 ging dieses Lied um die Welt, es wurde in über hundert Ländern gespielt – tatsächliche Weltmusik.

Driftwood Holly setzt sich oft total verrückte, unwahrscheinliche Sachen in den Kopf. Wenn er etwas wirklich will, ist er mit Herz und Seele dabei, und so wird aus Wünschen Wirklichkeit – wie etwa seine Idee, die neue CD „Casanova" ausgerechnet in Venedig aufzunehmen. Das fantasievolle Zusammenspiel von Vollblutmusikern – neben seinen Freunden Jäcki und Pavel unter anderen Basti Reznicek und Adrian Dehn – sorgt für die musikalische Intensität dieses Albums. Wie gewohnt bleiben die lyrischen Bilder rätselhaft, geben Raum für vielerlei Assoziationen, aber immer geht es um Liebe, um Sehnsucht, um Schönheit, und etwas Romantik ist natürlich auch dabei. Neuerdings arbeitet er auch mit Sylvia Massy, der bekannten amerikanischen Produzentin von Johnny Cash, Prince, R.E.M. und Tom Petty – die ersten Titel sind gemixt. Wer kann, sollte unbedingt Driftwood Hollys Konzerte besuchen; seine CDs gehören in die Sammlung eines jeden Kanada-Fans!

Mit den Kindern im Hundeschlitten auf dem Schulweg

Wechselt der Goldesel den Stall, bittet die Canada Revenue Agency (CRA) zur Kasse

Viele vermögende Deutsche sahen ihre große Chance in den 1960er- und 1970er-Jahren darin, in kanadische Immobilien zu investieren. Wirklich gelohnt hat es sich in der Regel allerdings nur in den Ballungsräumen, wie etwa Toronto.

Anna, eine Professorin aus Berlin, Stefan, ein Rechtsanwalt in Hamburg, und Gabriel, ein Bauingenieur, der mittlerweile in Nürnberg lebt, besitzen gemeinsam einen der Toronto Towers, ein gewerbliches Mietobjekt, in unmittelbarer Nähe zur Bay Street. Ihr Vater, seinerzeit ein sehr erfolgreicher Vorstand einer deutschen Bank, hatte 1971 durch seine Kontakte das damals günstige Grundstück in Downtown erworben und das imposante Hochhaus zusammen mit Ben, der damals noch ein unbekannter kanadischer Architekt war, gebaut. Die Kosten waren damals 1.500.000 Dollar, der Wert heute beträgt unglaubliche 35 Millionen Dollar.

Ihr Vater hatte schon vor der ersten Vermietung eine Firma in Kanada gegründet, die aus Haftungsgründen die Immobilie betreibt und als Eigentümerin im Grundbuch steht. Seine Kinder setzte er als Hauptgesellschafter ein, wobei Stefan seit 1995 die Stimmenmehrheit hatte – ebenfalls eine gute Entscheidung, denn so konnten Beschlüsse immer zügig und unkompliziert getroffen werden. Bens Partner Robert, auch Kanadier, kümmerte sich als Geschäftsführer von Anfang an ums Tagesgeschäft. Kurzum, es lief rund.

Die drei Geschwister konnten ohne Druck in Deutschland ihren Berufungen nachgehen. Die Mieteinnahmen aus Kanada ermöglichten ihnen und später ihren Familien einen großzügigen Lebensstil, auch nach dem Tod des Seniors.

Inzwischen steuerten sie alle auf das Ende ihres Berufslebens zu. Alle drei hatten bereits erwachsene Kinder. Insbesondere Gabriel trug sich nun mit dem Gedanken, die nächste Generation aktiv in die Nachfolge einzubinden. Er unternahm eine Reise nach Kanada, um sich vor Ort ein Bild über die Immobilienfirma, welche seit dem Ableben ihres Vaters ausschließlich von seinem Bruder Stefan und dem kanadischen Geschäftsführer geleitet wurde, machen zu können.

Während seines Besuchs in Toronto musste er feststellen, dass Robert, der inzwischen über siebzig war, seine Aufgaben seit geraumer Zeit nicht mehr so genau genommen hat. Er hatte mehrere Aufträge in den letzten Jahren leichtfertig vergeben und weder die Leistungen noch die Abrechnungen sorgfältig kontrolliert. Stefan hat stets alles abgesegnet.

Nachdem die letzte große Sanierung im Jahr 1990 erfolgte, gibt es inzwischen einen gehörigen Investitionsstau. Das Gebäude benötigt eine Grundsanierung: Die Installationen sind marode, und es gibt Korrosion. Obendrein fordern die Behörden einen verbesserten Brandschutz. Bei der Größe des Objekts drohen Kosten in Millionenhöhe.

Zum Glück sind die Mieteinnahmen noch ausreichend, damit das Unternehmen aktuell Gewinne schreibt. Ausreichende Rücklagen für die nötigen Investitionen sind jedoch nicht vorhanden. Die Geschwister hatten sich bisher immer großzügige Dividenden auszahlen lassen.

Stefan interessierte sich nicht für Gabriels Reisebericht. Auch seine Schwester Anna verstand nicht, warum sie auf einmal Probleme in Kanada haben sollten. Dennoch entschied sich Gabriel nach seiner Rückkehr, eine große internationale Steuerkanzlei mit diesen Themen zu beauftragen. Das Ergebnis war ein Schock für ihn.

Hierbei waren die erwarteten Investitionen beileibe nicht die einzige Hiobsbotschaft.

Denn auch bei einer Vererbung erhebt Kanada eine sogenannte Capital Gains Tax (CGT) auf den Wertzuwachs zwischen dem Datum des Erwerbs und dem Datum der Übertragung. Aktuell liegt der Steuersatz bei satten 25 Prozent. Obendrein müssten neu eingesetzte Erben in Deutschland zusätzlich Erbschaftsteuer zahlen, denn Kanada hat ein völlig anderes Erbrecht als Deutschland.

Allein die zu erwartenden Steuern im Nachlassfall können einen hohen Millionenbetrag erreichen, zusätzlich zu den dringend benötigten Investitionen, teilte man Gabriel mit.

Die Fakten, die nun auf dem Tisch lagen, stellten eine akute Bedrohung des kanadischen Unternehmens dar. Nachdem er ihnen das Steuergutachten gegeben hatte, meldeten sich Stefan und auch Anna. Ihr langgedienter Goldesel stand nun vor einem übermächtigen Berg, der alle drei Familien schon bald in ungewohnte Not bringen konnte.

Aus unserer Erfahrung enden solche Abenteuer ohne professionelle strategische Unterstützung und Umsetzung neben einem finanziellen Desaster so gut wie immer mit einem völligen Zerwürfnis innerhalb der Familien. Das galt es, unter allen Umständen hier zu verhindern.

Wir haben das kanadische Geschäftsmodell daher komplett auf den Prüfstand gestellt und alle Optionen durchgespielt. Keines der Kinder kam ernsthaft für eine Nachfolge der Geschäftsführung infrage. Erfahrungsgemäß sind die finanziellen Risiken in Kanada von Deutschland aus unmöglich zu kontrollieren. Die hochkomplexen Steuermodelle, die ursprünglich von der Steuerkanzlei vorgeschlagen wurden, waren unter diesen Voraussetzungen nicht zielführend. Allen Beteiligten war deshalb klar, dass es weitreichende Entscheidungen zu treffen gab, bevor andere ihnen zuvorkamen.

Auf unseren Vorschlag hin wurde das Unternehmen – und damit die Immobilie – in diesem Jahr an einen kanadischen Investor verkauft. Natürlich mussten Abschläge gemacht werden. Trotzdem blieb ein Betrag nach Steuern für die drei Geschwister, der auch ihren eigenen Kindern für lange Zeit zumindest finanzielle Sicherheit bietet.

Sylvia Jacob, Barrister & Solicitor, Rechtsanwalt, München – Toronto, *www.jacoblaw.com*

Kanada Leserfoto-Wettbewerb

An dieser Stelle präsentieren wir in jeder Ausgabe die schönsten Fotos unserer Leser. Schicken Sie uns Ihr Lieblingsmotiv aus Kanada in möglichst hoher Auflösung und mit kurzer Motivbeschreibung an: *redaktion@360grad-medien.de*, und mit etwas Glück veröffentlichen wir Ihr Foto an dieser Stelle oder gar im 360° Kanada Leserfotokalender 2021.

Trinity, Fort Point, Sonnenuntergang (Newfoundland & Labrador), Fotografin Sansonett Bärli

Lady Evelyn Falls (Northern Territories), Fotograf Christian Gerlig

Schwarzbär mit Jungem (Alberta), Fotografin Anja Tietze

Farbenfroher Moraine Lake, Banff National Park (Alberta), Fotograf Christian Stöckl

Wandern am Lake O'Hara im Yoho National Park

Bootsanleger am Lake O'Hara

Pünktlich um 16 Uhr MEZ am 20. April 2018 drücke ich auf die Sendetaste meines Notebooks. Denn ich möchte endlich zum Wandern an den Lake O'Hara. Bisher hat es nicht geklappt, denn nur maximal 150 Personen pro Tag dürfen in dieses geschützte Gebiet hinein (inklusive Gäste der Lodges, der Elizabeth Parker Hut und des Campingplatzes).

Schon fünf Minuten später erhielt ich die Nachricht, dass mein Wunschtermin akzeptiert wurde und ich meine *permit* bekomme. Die *permit* – also die Bewilligung – ist eigentlich nur das Busticket zum Lake O'Hara und zurück, denn vom Parkplatz am Trans-Canada Highway kommt man nur mit dem Bus zur 11,4 Kilometer entfernten Versorgungsstation Le Relais Day Shelter – oder zu Fuß.

Am 28. Juni, fünf Tage nach Öffnung des Parks, machten wir uns von Lake Louise kommend auf den Weg zu diesem Juwel der kanadischen Rocky Mountains, das als eines der schönsten Wandergebiete der Erde gilt und einen Teil des Yoho National Park darstellt. Schon in der Sprache der Ureinwohner, der Cree-Indianer, bedeutete das Wort Yoho soviel wie „Erstaunen" und „Verwunderung". Entdeckt wurde dieses Gebiet im Jahr 1887 von einem Ingenieur der Canadian Pacific Railway, der auf der Suche nach einer Bahnverbindung über die Rocky Mountains war. Benannt wurde der See nach dem irischen Touristen Colonel Robert O'Hara, der 1890 dieses Gebiet durchwandert hat.

Wir parkten unseren Pick-up-Camper am Lake O'Hara Parkplatz, etwa elf Kilometer westlich von Lake Louise auf der Südseite des Trans-Canada Highway und fuhren dann um 8:30 Uhr mit dem ersten Shuttlebus, einem alten umfunktionierten gelbfarbenen Schulbus auf dem rauen mit Schlaglöchern übersäten Weg (Straße kann man das nicht nennen) in dreißig Minuten bis zur Schutzhütte (Le Relais Day Shelter). Dort noch die Wanderkarte erworben, einen Kaffee getrunken, und es konnte losgehen. Der Lake O'Hara liegt in 2035 Meter Höhe und wird von über 3000 Meter hohen schroffen, schneebedeckten Gipfeln umgeben. Der Höhenunterschied vom Parkplatz bis zum See beträgt 450 Meter.

Cascade Lakes mit Opabin Glacier und Schaeffer Ridge

Es gibt eine ganze Reihe von Trails am Lake O'Hara. Wir entschieden uns für den Opabin Plateau Circuit, einen sechs Kilometer langen grandiosen Rundweg und – wie es scheint – der beliebteste. Er beginnt an der Schutzhütte und führt am südwestlichen Ufer des Lake O'Hara entlang an der Bootsanlegestelle vorbei, mit wunderschönen Aussichten auf den See sowie die dahinter liegenden Berge. Der Pfad führt recht bald zum grünlich schimmernden Mary Lake hinauf, folgt dann dessen östlichem Ufer und steigt dann recht steil etwa 130 Höhenmeter über eine freie Geröllhalde und Fels auf das hier grasige Plateau. Trotz des steilen Geländes bleiben wir immer wieder stehen und schauen uns um, zuerst auf den Mary Lake, dann auf beide Seen, und können so die Veränderungen des Überganges zum alpinen Gelände verfolgen.

Oben angekommen führt ein kurzer, schmaler Weg in östlicher Richtung zum Opabin Prospect und dessen steil abfallender Klippe hinunter zum Lake O'Hara, die nicht gesichert ist. Das ist

Walter Töller

Das Reisen liegt Walter Töller schon lange im Blut. Waren es früher eher Studien- und Erlebnisreisen in Europa sowie Rennrad- und Mountainbiketouren, hat er sich seit 2003 mit dem Kanadafieber infiziert. Hier hat er sich auf den Westen Kanadas konzentriert und verbringt regelmäßig Urlaube in Alberta, British Columbia, Yukon und den Northwest Territories, wobei ihn vor allem die Landschaften und Tiere interessieren.

der berühmte, atemberaubende Aussichtspunkt über das O'Hara Valley mit den beiden Seen Mary Lake und Lake O'Hara und die dahinter liegende Gebirgswelt, das Highlight schlechthin. Wir verbrachten eineinhalb Stunden auf dieser Aussichtsplattform und kletterten auf den Hügeln herum. Einfach grandios, was für Aussichten sich darboten. Man hat vom Prospect aus eine 360-Grad-Rundumsicht. Und nicht zu vergessen, die Farbe der Seen, der grünlich bis smaragd schimmernde Mary Lake und der türkisblau leuchtende Lake O'Hara.

Der Trail führt nun weiter bergauf, wir kamen an den in verschiedenen Tönen schimmernden Cascade Lakes vorbei, passierten die Brücke über den Opabin Creek, die nur aus drei Bohlen besteht, und kletterten weiter über Fels zum Hungabee Lake, von dessen Südseite es atemberaubende Ausblicke nach Norden über den Hungabee Lake, die Moor Lakes, auf Odary Mountain, Mount Stephen, Cathedral Mountain und Wiwaxy Peaks gibt.

Opabin Lake und Glacier

Wir mussten dabei einige Schneefelder überwinden. Und unterwegs bleiben wir immer wieder stehen, um die Schönheit dieser herrlichen, atemberaubenden Landschaft zu genießen.

Nach einer kurzen Rast ging es weiter über Felstreppen zum Opabin Lake, doch zuvor mussten wir nochmals ein längeres Schneefeld durchstapfen. Dunkel liegt nun der See vor uns, der höchste Punkt unserer Wanderung ist erreicht. Rechter Hand liegt der Opabin Glacier, mit 800 Metern nicht lang, doch gefährlich durch sehr viele Gletscherspalten. Es wird davor gewarnt, über diesen Pass zu gehen.

Der Weg zurück beginnt nun am Ostufer des Opabin Lake und führt entlang des Opabin Plateau und dem Hungabee Lake mit seinen Lärchen und einem längeren Teilstück über Felsbrocken auf dem East Opabin Trail zum Teil durch Graswiesen und an einem der reißenden O'Hara-Bäche entlang gerade und steil abwärts, jedoch gut begehbar. Dann passierten wir noch einen Teil der Moor Lakes, die ebenfalls von Kiefern und Lärchen umsäumt sind. Es ist ein landschaftlich äußert reizvoller Weg, der auch hier immer wieder zum Stehenbleiben und Umschauen einlädt.

Der letzte Teil des Pfades führt in einer Reihe von Serpentinen sehr steil zum Lake O'Hara hinab; auf der Hälfte dieser Strecke kommt man noch an einem kleinen

Wasserfall vorbei. Am See angekommen, bietet es sich an, den Shoreline Trail links oder rechts um den See zum Ausgangspunkt an der Schutzhütte zu nehmen. Beide Wege bieten herrliche Aussichten über den See und die Berge ringsum. Wir gingen im Uhrzeigersinn, also links herum, um noch an den Lodges vorbeizukommen, die dort zu mieten sind (Doppelzimmer ab 700 Dollar aufwärts). Wir hatten noch einige schöne Aussichten auf den See und konnten auch noch ein paar Fotos machen.

Eine größere Runde, etwa in Verbindung mit den Wiwaxy Peaks und dem Lake Oesa, würde ich an einem Tag nicht machen. Die hier beschriebene Route bietet so viel für Genusswanderer, Naturliebhaber und Fotografen, dass dabei schnell fünf bis sieben Stunden vergehen. Und auf dem Plateau gibt es noch viele kleine Zwischenpfade, die auf keiner Karte eingezeichnet sind, die man jedoch zumindest teilweise begehen sollte. Sie führen zu kleinen Flüsschen, Wasserfällen, Seen, Lärchenbeständen, die die herrliche Landschaft in immer neuen Facetten zeigen. Für uns war diese Tour auf jeden Fall die schönste Wanderung, die wir je gemacht haben, und wir haben schon einiges abgewandert, auch in Kanada. Um 15 Uhr waren wir wieder an der Schutzhütte und konnten schon zehn Minuten später zurückfahren.

Der Lake-O'Hara-Shuttle verkehrt täglich um 8:30 und 10:30 Uhr wetterbedingt ab Mitte Juni bis Ende September und kostet 14,70 CAD pro Person. Die Reservierungsvoraussetzungen haben sich für 2020 verändert. Besucher haben vom 1. bis 29. Februar 2020 einen Monat Zeit, um einen Onlineantrag über den Reservierungsservice von Parks Canada einzureichen. Dazu wird eine Startgebühr von 10 CAD für jeden Besucherantrag erhoben. Bewerbungen werden nach dem Zufallsprinzip gezogen. Weitere Informationen hierzu unter: *www.pc.gc.ca/en/pn-np/bc/yoho/activ/randonnee-hike/ohara*

Tipp: Unbedingt den GCKey im Voraus besorgen! Es wird einfacher!

GCKey = Parks Canada Reservation Service:
reservation.pc.gc.ca/Login.aspx?ReturnUrl=%2fAccount%2fDefault.aspx

UNTERKUNFT
Lake O'Hara Lodge, 2 Nächte Minimum ab 1400 CAD

CAMPING
Lake Louise Tent Campground: *www.pc.gc.ca/en/pn-np/ab/banff/activ/camping/lltent?utm_source=gmb&utm_medium=lakelouis*

Camping in Yoho: *www.field.ca/camping/*

LAKE O'HARA TRAILS MAP
lightscapesphotography.files.wordpress.com/2016/01/lake_ohara_map.png

Ausblicken

Nova Scotia: Bunte Wälder abseits der ausgetretenen Pfade

City of Gold: Auf Forschungsreise in Dawson City im Yukon

Saskatchewan: Unterwegs auf den Spuren der Trapper

Unsere nächsten Ausgaben:
360° travel erscheint am 24. April 2020 (mit umfangreicher Nordamerika-Rubrik)
360° Kanada erscheint am 24. Juli 2020*

*Änderungen vorbehalten

Impressum

360° Kanada erscheint halbjährlich
360° medien
Marie-Curie-Str. 31 | 40822 Mettmann,
Tel.. +49 2104 50 63 -100 | E-Mail: info@360grad-medien.de
redaktion@360grad-medien.de | www.360grad-medien.de

Geschäftsführung: Christine Walter

Chefredaktion (V.i.S.d.P.): Andreas Walter
E-Mail: a.walter@360grad-medien.de

Lektorat: Dr. Kerstin Lötzerich-Bernhard, Edertal, www.kopfwortewelt.de

Mitarbeiter dieser Ausgabe: Prof. Kristin Bartenstein, Tobias Barth, Jan Magnus Brandner, Dr. Erhard Diedrich, Rainer Hamberger, Sylvia Jacob, Prof. Daniel-Erasmus Khan, Lara und Hilke Maunder, Mechtild Opel, Prof. Markus Rex, Stefan Rizor, Prof. Barbara Schellhammer, Dr. Georg Schmitz, Gunter Schreier, Win Schumacher, Michael Siebold, Dr. Anja Sommerfeld, Walter Töller

Design und Layout: 360° medien | Serpil Sevim-Haase

Anzeigenleitung:
Stefanie Pöller | E-Mail: s.poeller@360grad-medien.de
Tel.: +49 2104 50 63 -106

Marketing und Vertrieb, Leserservice:
Julia Schüller | E-Mail: vertrieb@360grad-medien.de
Tel.: +49 2104 50 63 -100

ISBN: 978-3-948097-99-8 | **ISSN:** 1869-8328

Vertrieb Presseeinzelhandel:
IPS Pressevertrieb GmbH, 53334 Meckenheim, www.ips-d.de
Einzelpreise im Handel: D, A, Europa: 9,50 € | Schweiz: 13,60 CHF

Mitgliedschaft im 360° travel.CLUB Kanada: Jahresmitgliedschaft: Deutschland 40 €, Ausland EU 48 €, Ausland Welt 56 €. Die Mitgliedschaft verlängert sich automatisch um ein weiteres Jahr, wenn sie nicht sechs Wochen vor Ablauf gekündigt wird. Der Jahrespreis für eine Mitgliedschaft enthält zwei Ausgaben 360° Kanada, zwei Ausgaben 360° travel. CLUB, einen Wandkalender, Eintrittspreise zu verschiedenen Veranstaltungen, eine 360° travel.CLUB Card, sämtliche Versandkosten und – soweit erforderlich – die gesetzliche Mehrwertsteuer. www.360grad-medienshop.de/travelclub

Bildnachweise: Adobe Stock 128628026 © diegograndi; S. 80; Adobe Stock 269448683 © Tyler S. 81;Alfred-Wegener-Institut S. 51; Tobias Barth S. 32-34; Bishop's College School (BCS) S. 63u, 64o, 65o, 68li, 69, 71; Dr. Ulrich Bleyer S. 61li; Jan Magnus Brandner S. 72-77; Carnaval de Québec/Armstrong Photo S. 14u; Craig Hatfield CC BY 2.0 S. 150; Destination Canada S. 4, 5 o,u, re, 7o re, 8, 9, 12u, 13li, 19, S. 20m, 20u, 21, 22 o re; Diego Delso cc-by-sa S. 90mi; DKG S. 58; DLR S. 54, 55; Faculte de droit Université Laval S. 47; Max Frisch: S. 84, 85; Government of Yukon S. 6li; Micha Gunkel S. 43, 56, 57o; Rainer Hamberger S. 38-42; Stefan Hendricks S. 50; Thomas Imo/ www.photothek.de S. 48; Michael Juhran S. 90u; Prof. Daniel-Erasmus Khan S. 49u; Prof. Wolfgang Klooß S. 59; Prof. Frédéric Lasserre/Université Laval S. 44, 45; Josefine Lecke S. 57U; Kirsten Lorenz S. 78o, 79o; Manitoba150 S. 6u re; Hilke Maunder S. 62, 64u, 66, 67, 68u, 70; Lara Maunder S. 65u, 68o; Sara Katharina Müller S. 79U; Danielle Neuhaus; S. 60u; Newfoundland and Labrador Tourism S. 15u; Niagara Helicopters S. 13o; Niagara Parks Commission S. 13re; Michael Nussbaum S. 60o; Wolfgang Opel S. 78u, 90o; Ottawa Tourism S. 7u li; Pixaby S. 5re; Polarphilatelie e. V S. 49o; Ram Malis S. 16/17, 18, 20o, 22o li, 22u; Prof. Barbara Schellhammer S. 52, 53; Dr. Georg Schmitz S. 61re; James Thew – stock. adobe.com S.1; Walter Töller S. 5o li; 86-89; Tourism Nova Scotia S. 7o li; Tourism Saskatoon/Nick Biblow S. 6o re; Tourism Toronto S. 7u re; Travel Alberta S. 14o; Travel Manitoba S. 10/11, 12li, 12re.